3일 벼락치기로 끝내는
토익 스피킹
만능문장 모음.Zip

시계토끼

ⓒ시계토끼 All rights reserved.

지은이	시계토끼제니쌤(차지영)
펴낸곳	시계토끼
ISBN	979-11-988438-3-8
초판 2쇄 발행	2025. 11. 12

홈페이지	www.rabbitjenny.com
교재 구입문의	jennycha_english@naver.com

이 책은 저작권 법에 따라 보호받는 저작물이므로 이 책에 실린 내용의 무단복제와 무단전재를 금합니다.
이 책의 전부 또는 일부를 이용하려면 반드시 저작권자 차지영의 서면 동의를 받아야 합니다.

시계토끼 토익스피킹 3일 완성

토익스피킹 만능문장 모음.ZIP

01
무료 강의로 혼자서도 껑충!

각 유형별 핵심 전략부터 실전 문제 풀이까지 **제니쌤 유튜브 무료 강의**에서 전부 확인하세요!

02
만능문장 영상으로 토스 완전 정복

저절로 외워지는 **만능문장 유튜브 영상으로** 쉐도잉부터 셀프테스트까지!

03
무료 MP3로 만능문장 암기 끝!

QR 코드의 사이트에서 본 교재와 함께 공부할 수 있는 **만능문장 mp3를 다운로드**할 수 있어요.

 실제 수강생의 시계토끼 무료 강의 후기

제니쌤 진짜 감사합니다!
2-3시간씩 5일 공부해서 첫 시험 IH 받았습니다!
영어 노베이스에 토익은 무서워서 쳐보지도 못하고 졸업 요건 때문에 이 악물고 도전했던 게 토스였거든요. 1일차에는 파트1, 2 무료 강의+파트2 만능문장 한번 읽기, 2일차에는 파트4, 3일차에는 파트3, 4일차에는 파트5+파트3 만능문장 암기, 5일차에는 파트5 만능문장, 그리고 시험 당일에는 만능 템플릿만 암기하고 시험장 갔습니다. 이 글 보는 수험생 모두가 원하는 점수 얻길 바랍니다!

유튜브 수강생 k13**님

머리말

"선생님, 저는 영포자인데 할 수 있을까요?"

저는 학생들에게 이 질문을 자주 듣습니다. 영어 말하기가 두렵고, 오랫동안 좌절했던 분들이 가장 먼저 할 수밖에 없는 말입니다. 그렇다면 지긋지긋한 '영포자의 감옥'에서 벗어나는 길은 무엇일까요?

영어 말하기를 잘한다는 것은 곧 **즉시 입 밖으로 꺼낼 수 있는 문장을 얼마나 많이 갖추고 있느냐**와 직결됩니다. 한국어로 비유하자면, "안녕하세요, 식사하셨어요?" 정도의 표현만 할 수 있다면 어떤 상황에서도 인사와 간단한 몸짓만으로 대화가 제한될 수밖에 없습니다. 하지만 내 머릿속에 수천, 수만 개의 문장이 준비되어 있다면 어떨까요? 단어 몇 개만 바꾸거나 살짝 변형하는 것만으로도 훨씬 유창하게 말할 수 있습니다.

결국 영어 말하기는 **"내가 바로 말할 수 있는 문장의 수를 얼마나 늘려 가느냐"**의 싸움입니다. 다행히 우리는 영어를 잘 하기 위해 복잡한 수학 연산을 하거나 어려운 추론을 할 필요가 없습니다. 이미 익힌 문장을 문제 상황에 맞게 적용하고, 조금씩 변형해서 말하는 것만으로도 충분히 좋은 결과를 얻을 수 있습니다.

저는 실제로 영어 기초가 거의 없는 학생들을 수없이 지도해 왔습니다. 'winter'나 'teach'와 같은 가장 기본적인 단어조차 알지 못했던 학생들도 있었습니다. 하지만 그들 역시 '바로 말할 수 있는 문장'을 차곡차곡 쌓아 가면서 결국 영어 포기의 벽을 넘고, 토익스피킹 시험에서 자신 있게 말할 수 있게 되었습니다. 이 경험이 저에게 확신을 주었습니다. 누구든지 올바른 방법과 체계만 있다면 반드시 영포자의 감옥에서 벗어날 수 있다는 것을요.

그 확신을 바탕으로, 저는 지난 10년간의 기출문제를 분석해서 토익스피킹에 가장 효과적이고 필수적인 표현들을 선별하여 <3일 벼락치기로 끝내는 토익스피킹 만능문장 모음.ZIP>에 담았습니다. 여기에는 단순히 문장만 나열한 것이 아닙니다. 초보 학습자가 궁금해할 만한 질문, 핵심 어휘, 실제 문제와의 연결 방법까지 하나로 정리했습니다. 단순 암기가 아닌 '어떤 문제에도 적용할 수 있는 힘'을 길러 주는 것이 이 책의 가장 큰 목표입니다.

저는 영어를 포기했던 분들의 마음을 잘 알고 있습니다. "나는 영포자야!"라고 좌절했던 분들이 이 책을 통해 감옥에서 벗어나 영어 말하기의 자신감을 되찾고, 토익스피킹에서 원하는 성적을 거두는 경험을 하시길 바랍니다.

시계토끼 제니쌤
Jenny Cha

학습 플랜

🚀 3일 집중 초몰입 플랜

이런 분께 딱 맞아요!

- 시험이 코앞인데 아직 시작도 못 한 분
- 무조건 3일 안에 끝내야 하는 분
- 하루 9시간 이상 몰입해서 단기간에 실전 말하기까지 완성하고 싶은 분

수험생 리얼 후기 | 직장인 A씨 - 3일 벼락치기로 IH 달성

"선생님 덕분에 딱 3일 만에 IH 받았어요!
퇴근 후 공부하면서 만능문장을 계속 듣고, 말하고, 세뇌하듯 반복했어요.
처음 보는 문제도 입이 먼저 나갔습니다. 진짜 감사합니다!"

하루 단위로 쪼개본 3일 집중 초몰입 플랜

Day	학습 내용
Day 1	CHAPTER 01 말하기 베이스캠프 CHAPTER 01 만능테마 01~11 학습 + 만능문장 암기 CHAPTER 01 의문사 만능공식 CHAPTER 02 말하기 베이스캠프 CHAPTER 02 만능테마 01~02 학습 + 만능문장 암기
Day 2	CHAPTER 02 만능테마 03~10 학습 + 만능문장 암기 CHAPTER 03 말하기 베이스캠프 CHAPTER 03 만능테마 01~02 학습 + 만능문장 암기
Day 3	CHAPTER 03 만능테마 03~05 학습 + 만능문장 암기 CHAPTER 04 말하기 베이스캠프 CHAPTER 04 만능테마 01~05 학습 + 만능문장 암기 APPENDIX 학습

인강 전용 맞춤 플랜 안내
인강으로 공부하시는 분들은 제니쌤이 직접 스케줄을 짜드려요. 하루에 몇 시간씩 투자할 수 있는지, 개인 상황에 맞춰 최적화된 플랜을 함께 설계합니다.

🚀 7일 도약 부스터 플랜

이런 분께 딱 맞아요!
- 일주일 동안 집중해서 전 파트를 완주하고 싶은 분
- 만능문장부터 실전 연습까지, 단계별로 학습하고 싶은 분

수험생 리얼 후기 대학생 B씨 - 6일 준비로 생애 첫 시험 IH 달성

"선생님 영상 보면서 6일 정도 공부하고 생애 첫 시험을 봤어요. 준비가 부족해 걱정했는데... 오늘 IH 등급 받았습니다! 만능문장이 정말 큰 힘이 됐고, 효율적으로 준비할 수 있었어요. 감사합니다!"

하루 단위로 쪼개본 7일 도약 부스터 플랜

Day	학습 내용
Day 1	CHAPTER 01 말하기 베이스캠프 CHAPTER 01 만능테마 01~05 학습 + 만능문장 암기
Day 2	CHAPTER 01 만능테마 06~11 학습 + 만능문장 암기 CHAPTER 01 의문사 만능공식
Day 3	CHAPTER 02 말하기 베이스캠프 CHAPTER 02 만능테마 01~05 학습 + 만능문장 암기
Day 4	CHAPTER 02 만능테마 06~10 학습 + 만능문장 암기
Day 5	CHAPTER 03 말하기 베이스캠프 CHAPTER 03 만능테마 01~04 학습 + 만능문장 암기
Day 6	CHAPTER 03 만능테마 05 학습 + 만능문장 암기 CHAPTER 04 말하기 베이스캠프 CHAPTER 04 만능테마 01~03 학습 + 만능문장 암기
Day 7	CHAPTER 04 만능테마 04~05 학습 + 만능문장 암기 APPENDIX 학습

🚀 2주 완성 업그레이드 플랜

이런 분께 딱 맞아요!

- 하루 2~4시간 투자해서 2주 동안 꾸준히 공부할 여유가 있는 분
- 빠르게 끝내기보단, 매일 차근차근 완주하고 싶은 분

수험생 리얼 후기   취준생 C씨 - 2주 만에 실전 완주 성공!

"영어 문법도, 단어도 부족했는데... 제니쌤 책과 강의로 공부해서 IM1에서 IH 받았습니다! 영어 몰라도 2주 만에 IH 받았다는 댓글, 처음엔 믿기지 않았지만 제가 해보니 알겠더라고요. 지금 망설이고 있다면, 저처럼 바로 시작해보세요!"

하루 단위로 쪼개본 2주 완성 업그레이드 플랜

Day	학습 내용
Day 1	CHAPTER 01 말하기 베이스캠프 CHAPTER 01 만능테마 01~02 학습 + 만능문장 암기
Day 2	CHAPTER 01 만능테마 03~05 학습 + 만능문장 암기
Day 3	CHAPTER 01 만능테마 06~08 학습 + 만능문장 암기
Day 4	CHAPTER 01 만능테마 09~11 학습 + 만능문장 암기 CHAPTER 01 의문사 만능공식
Day 5	CHAPTER 02 말하기 베이스캠프 CHAPTER 02 만능테마 01~02 학습 + 만능문장 암기
Day 6	CHAPTER 02 만능테마 03~04 학습 + 만능문장 암기
Day 7	CHAPTER 02 만능테마 05~06 학습 + 만능문장 암기
Day 8	CHAPTER 02 만능테마 07~08 학습 + 만능문장 암기
Day 9	CHAPTER 02 만능테마 09~10 학습 + 만능문장 암기
Day 10	CHAPTER 03 말하기 베이스캠프 CHAPTER 03 만능테마 01~02 학습 + 만능문장 암기

Day 11	**CHAPTER 03** 만능테마 03 ~ 04 학습 + 만능문장 암기
Day 12	**CHAPTER 03** 만능테마 05 학습 + 만능문장 암기 **CHAPTER 04** 말하기 베이스캠프 **CHAPTER 04** 만능테마 01~ 02 학습 + 만능문장 암기
Day 13	**CHAPTER 04** 만능테마 03 ~ 04 학습 + 만능문장 암기
Day 14	**CHAPTER 04** 만능테마 05 학습 + 만능문장 암기 **APPENDIX** 학습

🚀 28일 실전 완주 플랜

이런 분께 딱 맞아요!

- 매일 1~2시간 정도만 학습할 수 있는 분
- 기초부터 차근차근 말하기 실력을 쌓고 싶은 분
- 하루 한두 개 만능테마를 완벽히 이해하고 싶은 분

> **수험생 리얼 후기**   노베이스 D씨 - 꾸준한 반복으로 28일 만에 IH 성공!
>
> "제니쌤, 정말 감사합니다!
> 실전 책이랑 무료 영상들 덕분에 첫 시험에서 IH 받았어요!
> 저처럼 영어 완전 노베이스였던 학생에게 제니쌤은 정말 희망이에요.
> 공부 기간은 약 한 달, 꾸준히 공부했어요.
> 특히 만능문장은 이동할 때마다 라디오처럼 계속 들으면서 외웠습니다."

하루 단위로 쪼개본 28일 실전 완주 플랜

Day	학습 내용
Day 1	CHAPTER 01 말하기 베이스캠프 CHAPTER 01 만능테마 01 학습 + 만능문장 암기
Day 2	CHAPTER 01 만능테마 02 학습 + 만능문장 암기
Day 3	CHAPTER 01 만능테마 03 학습 + 만능문장 암기
Day 4	CHAPTER 01 만능테마 04 학습 + 만능문장 암기
Day 5	CHAPTER 01 만능테마 05 학습 + 만능문장 암기
Day 6	CHAPTER 01 만능테마 06 학습 + 만능문장 암기
Day 7	CHAPTER 01 만능테마 07 학습 + 만능문장 암기
Day 8	CHAPTER 01 만능테마 08, 09 학습 + 만능문장 암기
Day 9	CHAPTER 01 만능테마 10, 11 학습 + 만능문장 암기 CHAPTER 01 의문사 만능공식

Day 10	**CHAPTER 02** 말하기 베이스캠프 **CHAPTER 02** 만능테마 01 학습 + 만능문장 암기
Day 11	**CHAPTER 02** 만능테마 02 학습 + 만능문장 암기
Day 12	**CHAPTER 02** 만능테마 03 학습 + 만능문장 암기
Day 13	**CHAPTER 02** 만능테마 04 학습 + 만능문장 암기
Day 14	**CHAPTER 02** 만능테마 05 학습 + 만능문장 암기
Day 15	**CHAPTER 02** 만능테마 06 학습 + 만능문장 암기
Day 16	**CHAPTER 02** 만능테마 07 학습 + 만능문장 암기
Day 17	**CHAPTER 02** 만능테마 08 학습 + 만능문장 암기
Day 18	**CHAPTER 02** 만능테마 09 학습 + 만능문장 암기
Day 19	**CHAPTER 02** 만능테마 10 학습 + 만능문장 암기
Day 20	**CHAPTER 03** 말하기 베이스캠프 **CHAPTER 03** 만능테마 01 학습 + 만능문장 암기
Day 21	**CHAPTER 03** 만능테마 02 학습 + 만능문장 암기
Day 22	**CHAPTER 03** 만능테마 03 학습 + 만능문장 암기
Day 23	**CHAPTER 03** 만능테마 04 학습 + 만능문장 암기
Day 24	**CHAPTER 03** 만능테마 05 학습 + 만능문장 암기
Day 25	**CHAPTER 04** 말하기 베이스캠프 **CHAPTER 04** 만능테마 01, 02 학습 + 만능문장 암기
Day 26	**CHAPTER 04** 만능테마 03 학습 + 만능문장 암기
Day 27	**CHAPTER 04** 만능테마 04 학습 + 만능문장 암기
Day 28	**CHAPTER 04** 만능테마 05 학습 + 만능문장 암기 **APPENDIX** 학습

교재 특장점

01 실전에서 바로 통하는 만능문장 공개

기존 토익스피킹 교재는 복잡한 표현을 소개하거나, 문제 풀이 위주로 구성되어 있어서 정작 답변에서 어떤 말을 해야 할지 모르는 경우가 많으셨죠?

<3일 벼락치기로 끝내는 토익스피킹 만능문장 모음.ZIP>에서는 실제로 토익스피킹에서 자주 쓰이는 만능문장들을 하나하나 친절하게 설명해주고, 단순 암기 대신 왜 쓰는지, 언제 쓰는지, 어떻게 바꿔 쓸 수 있는지까지 익히게 도와줘요.

채점자가 선호하는 명확하고 간결한 표현만 엄선했으며, 초보자들이 자주 실수하는 포인트까지 정리해 이해 중심의 학습이 가능해요.

02 혼자서도 완주할 수 있는 유튜브 연계 학습

왕초보도 처음부터 끝까지 스스로 완주할 수 있도록, 유형별 전략 소개부터 실전 적용까지 1:1 과외식 설명으로 구성되어 있어요.

각 챕터마다 제니쌤의 유튜브 강의가 연계되어 교재에서 배운 내용을 더 깊이 이해할 수 있고, 실제 문제 풀이 과정까지 확인할 수 있어요.

03 왕초보도 쉽게 따라갈 수 있는 코너 구성

모든 만능테마는 실제 수업처럼 말하기 흐름에 맞춰 구성되어 있어요.
유형별 전략 소개 ➡ 만능문장 해설 ➡ 실전 적용까지 한 흐름으로 학습할 수 있어, 따라가기만 해도 말하기 실력이 자연스럽게 올라가요.

✔ 말하기 베이스캠프
문제 유형별 시계토끼 만능 스킬을 익히고 실전 문제로 감각을 키우는 코너예요.

✔ 제니쌤의 말하기 출발선
각 만능테마에서 나올 수 있는 질문 유형을 보여주고, 답변으로 활용할 수 있는 핵심 표현들을 소개하는 코너예요.

✓ **만능문장 보석함**
　시험에서 바로 활용할 수 있는 만능문장을 하나하나 친절하게 설명해 주는 코너예요.

✓ **입에 착붙 만능 VOCA**
　실제 답변에 바로 쓸 수 있는 핵심 단어만 골라서 정리한 코너예요.

✓ **스피킹 SOS**
　수강생들이 가장 많이 한 질문에 대해 제니쌤이 답해주는 Q&A 코너예요.

✓ **실전 리허설**
　배운 만능문장을 실제 문제에 적용하여 연습해보는 코너예요.

04 학습 효과를 최대치로 올려주는 학습 순서

Part1부터 Part5순으로 학습하는 일반적인 구조가 아닌, 초반에 몰입도가 높은 실전형 유형을 먼저 다루고, 뒤로 갈수록 부담 없이 완주할 수 있도록 구성하여 학습 효율성을 높였어요.

❶ **CHAPTER 01:** 질문에 답하기(Part 3) – 주제별 질문에 답하기를 통해 말하기

❷ **CHAPTER 02:** 의견 말하기(Part 5) – 논리적인 말하기 연습하기

❸ **CHAPTER 03:** 표 보고 질문에 답하기(Part 4) – 표 해석 훈련하기

❹ **CHAPTER 04:** 사진 묘사하기(Part 2) – 장면 묘사 연습으로 표현력 강화하기

❺ **APPENDIX:** 지문 읽기(Part 1) – 소리 내어 읽으며 전체 학습 정리하기

학습을 모두 마친 후, 제니쌤의 실전 모의 고사 영상으로 완벽 마무리해 보세요! QR 코드를 스캔하면 실제 시험과 같은 환경에서 말하기 실전 연습을 할 수 있습니다.

토익스피킹 시험 소개

01 시험 소개

토익스피킹(TOEIC Speaking)은 비즈니스와 실무 환경에서 필요한 영어 말하기 능력을 평가하는 시험이에요. 약 20분 동안 컴퓨터로 진행되고, 응시자는 헤드셋과 마이크를 사용해서 답변을 녹음해요.

이 시험은 취업이나 승진을 준비할 때 강력한 경쟁력이 됩니다. 대기업과 공기업은 물론, 항공사나 외국계 기업 등 다양한 업종의 채용 과정에서 토익스피킹 점수가 활용돼요. 또한, 해외 출장이나 주재원 선발, 글로벌 프로젝트 배정처럼 실제 영어 말하기 능력이 필요한 상황에서도 중요한 기준이 되기도 하죠. 일부 대학에서는 졸업 요건으로 토익스피킹 점수를 요구하기도 합니다.

02 시험 구성

PART	문항	문제 유형	제한 시간	평가 기준	배점
1	Q1~2	Read a text aloud (문장 읽기)	준비 시간: 각 45초 답변 시간: 각 45초	발음, 강세, 억양	각 3점
2	Q3~4	Describe a picture (사진 묘사)	준비 시간: 각 45초 답변 시간: 각 30초	PART 1 평가 기준 + 문법, 어휘, 일관성	각 3점
3	Q5~7	Respond to questions (듣고, 질문에 답하기)	준비 시간: 각 3초 답변 시간: 5번: 15초 6번: 15초 7번: 30초	PART 1, 2 평가 기준 + 내용의 일관성, 내용의 완성도	각 3점

PART	문항	문제 유형	제한 시간	평가 기준	배점
4	Q8~10	Respond to questions using information provided (제공된 정보를 사용하여 질문에 답하기)	표 읽는 준비 시간: 45초 답변 준비 시간: 각 3초 답변 시간: 8번: 15초 9번: 15초 10번: 30초	위의 모든 항목	각 3점
5	Q11	Express an opinion (의견 말하기)	준비 시간: 45초 답변 시간: 60초	위의 모든 항목	5점

※ 10번 문항 질문 2회 제공

03 토익스피킹 점수와 등급, 어떻게 나뉘나요?

토익스피킹 점수는 0점~200점까지이며, 점수에 따라 8개 레벨로 나뉘어요.

레벨 (Level)	점수 (Scaled Score)
Advanced High (AH)	200점
Advanced Mid (AM)	180–190점
Advanced Low (AL)	160–170점
Intermediate High (IH)	140–150점
Intermediate Mid (IM)	110–130점
Intermediate Low (IL)	90–100점
Novice High (NH)	60–80점
Novice Mid / Novice Low (NM/NL)	0–50점

04 시험은 어떻게 진행되나요?

- **시험 소요 시간**
  시험은 약 20분간 진행되며, 전체 과정은 45~50분 정도 소요돼요.

- **시험 날짜**
  대부분 주말에 진행되지만, 평일에도 열리는 경우가 있고, 특히 매달 마지막 주 수요일에는 정기 시험일인 경우가 많아요.

- **시험 시간대**
  보통 11:30, 13:30, 15:30에 진행되며 시험장별로 다를 수 있어요.

- **시험 취소 및 환불**
  취소 및 환불이 가능하지만 기간 제한이 있으니 반드시 사전 확인이 필요해요.

- **공채 시즌에는 더 빨리 마감돼요!**
  응시자가 몰리면 빠르게 마감되므로 서둘러 신청해야 해요.

05 시험 당일 진행 순서 예시

시간	내용
11:30	입실 시작
11:40	입실 마감 (이후 입실 불가)
11:40 ~ 11:50	오리엔테이션 (신분 확인 + 시험 진행 안내)
11:50 ~ 12:10	시험 진행
이후	답변 저장 확인 후 퇴실

교재 활용 가이드

☑ STEP 1. 말하기 베이스캠프 훈련

- 문제 유형, 문제 수, 준비/답변 시간 등 기본 정보 확인하기
- 시계토끼 만능 스킬을 통해 답변 팁과 핵심 전략 익히기
- 답변 만드는 순서에 따라 실제 문제를 풀어보기

▶ 제니쌤의 유튜브 무료 강의에서 유형 설명부터 전략, 실전 문제 맛보기까지 자세하게 확인할 수 있어요.

☑ STEP 2. 만능테마 학습

- 테마별 만능문장 학습하기
- 유형별 실제 문제와 모범답안 익히기

❶ 독학플랜: 별도의 유튜브 강의 없이 교재로 학습해요.
❷ 인강플랜: 제니쌤의 유료 유튜브 강의와 교재를 연계해 학습해요.

▶ 인강 플랜에 한해, 유료 강의에서 제니쌤과 만능문장을 빠르게 익히고 문제를 풀면서 만능문장의 응용 방법 등을 자세히 확인할 수 있어요.

☑ STEP 3. 만능문장 암기

- 무료 만능문장 영상과 무료 MP3 파일을 활용해 만능문장을 반복해서 듣고 따라 말하기

▶ 제니쌤의 유튜브 무료 강의에서 만능문장 말하기 훈련을 할 수 있어요. (연습 모드 & 시험 모드)

CONTENTS

머리말	04
학습 플랜	06
교재 특장점	12
토익스피킹 시험 소개	14
교재 활용 가이드	17

CHAPTER 01 · 질문에 답하기 — Part 3

말하기 베이스캠프		22
만능테마	만능테마 01	28
	만능테마 02	32
	만능테마 03	36
	만능테마 04	42
	만능테마 05	46
	만능테마 06	50
	만능테마 07	54
	만능테마 08	60
	만능테마 09	66
	만능테마 10	72
	만능테마 11	78
의문사 만능공식		82
핵심 VOCA 보물창고		90

CHAPTER 02 · 의견 말하기 — Part 5

말하기 베이스캠프		94
만능 테마	만능테마 01	102
	만능테마 02	108
	만능테마 03	116
	만능테마 04	124

만능테마 05		132
만능테마 06		140
만능테마 07		148
만능테마 08		156
만능테마 09		162
만능테마 10		168
핵심 VOCA 보물창고		174

CHAPTER 03 표 보고 질문에 답하기 — Part 4

말하기 베이스캠프		180
만능테마	만능테마 01	188
	만능테마 02	196
	만능테마 03	206
	만능테마 04	214
	만능테마 05	220
핵심 VOCA 보물창고		230

CHAPTER 04 사진 묘사하기 — Part 2

말하기 베이스캠프		234
만능테마	만능테마 01	240
	만능테마 02	250
	만능테마 03	260
	만능테마 04	268
	만능테마 05	276
핵심 VOCA 보물창고		288

APPENDIX 지문읽기 — Part 1

[APPENDIX] 지문 읽기	292

CHAPTER 01	질문에 답하기	Part 3	➡
CHAPTER 02	의견 말하기	Part 5	➡
CHAPTER 03	표 보고 질문에 답하기	Part 4	➡
CHAPTER 04	사진 묘사하기	Part 2	➡
Appendix	지문 읽기	Part 1	

점수가 잘 오르는 유형부터 시작해, 뒤로 갈수록 부담 없이 완주할 수 있도록 설계했어요.

CHAPTER 01

질문에 답하기

Part 3

말하기 베이스캠프

제니쌤의 해설 강의 보러 가기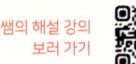

Part3 질문에 답하기 유형은 인터뷰처럼 질문에 빠르게 답해야 하는 유형이에요. 질문을 듣고 나서 3초 안에 바로 답변을 시작해야 하죠. 처음에는 좀 당황스러울 수 있지만, 걱정 마세요! 만능문장만 잘 익혀도 누구나 쉽게 말할 수 있어요.

📷 문제 유형 스냅샷

Part3 질문에 답하기 유형에서는 총 3개의 질문(5번, 6번, 7번)이 주어져요. 하나의 주제에 대해 경험, 습관, 선호도, 장단점 등을 순서대로 물어보는 거예요.
예를 들어, 주제가 '주말 활동'이라면 이렇게 나올 수 있어요.

- **Q5** 주말에 주로 무엇을 하나요?
- **Q6** 혼자 하나요, 아니면 친구랑 같이 하나요?
- **Q7** 주말에 자기 계발을 하는 것이 좋다고 생각하나요, 아니면 취미 활동을 하는 것이 좋다고 생각하나요?

각 질문마다 준비 시간은 3초예요. 답변 시간은 5번, 6번은 15초, 7번은 30초예요.
시간이 짧기 때문에, 핵심만 딱 정리해서 말하는 연습이 필요해요.
같이 연습하면서 점점 익숙해져볼까요?

시간 잡는 시계토끼 만능스킬

01 짧고 정확한 문장으로 말해요

15초, 30초는 생각보다 짧아요. 길고 복잡한 문장은 실수할 확률만 높아요.
짧고 정확한 문장으로 답하는 연습부터 해 볼까요?

- ☑ I like exercising because it's good for my health.
  저는 운동하는 것을 좋아해요. 왜냐하면 그것은 건강에 좋기 때문이에요.
- ➡ 간단하지만 말할 내용은 다 들어 있어요.

02 질문 표현과 만능문장을 활용해요

당황하지 않으려면, **질문에 나온 표현이나 미리 외운 만능문장**을 활용해서 답변하세요

Q. Do you enjoy listening to music?
음악 듣는 것을 즐기시나요?

A. Yes, I enjoy listening to music. It relieves my stress, and I can relax.
네, 저는 음악 듣는 것을 즐겨요. 그것은 스트레스를 풀어주고, 저는 쉴 수 있어요.

➡ 질문 표현을 그대로 쓰고, 만능문장으로 이어주면 돼요.

03 꼭 내 이야기일 필요는 없어요!

질문에 대한 답변으로 반드시 내 이야기가 아니어도 괜찮아요.
내가 말하기 쉬운 문장, 입에 익은 표현으로 답하면 돼요.

Q. Do you often go to cafés, and do you enjoy going there?
카페에 자주 가시나요, 그리고 그곳에 가는 걸 즐기시나요?

A. Yes, I often go to cafés, and I enjoy going there. It's part of my daily routine.
네, 저는 카페에 자주 가고, 그곳에 가는 걸 좋아해요. 그건 제 일상의 일부예요.

➡ 이 답변은 실제로 카페를 자주 가지 않더라도, 외워둔 만능문장을 자연스럽게 말하듯이 문제에 맞게 활용한 거예요. 이렇게 답변하면 유창성도 높아지고, 말하는 흐름도 훨씬 자연스러워져요.

맛있는 실전 한 조각

이제 실제 시험에서는 어떤 질문이 나오는지, 어떻게 답변을 만드는지 함께 살펴볼까요?
아래의 5~7번 질문은 다음과 같은 상황 설명문과 함께 제시됩니다.

> Imagine that a marketing company is doing research in your country. You have agreed to participate in a telephone interview about shopping habits.
> 한 마케팅 회사가 당신의 나라에서 조사를 진행하고 있다고 상상해 보세요. 당신은 쇼핑 습관에 관한 전화 인터뷰에 참여하기로 동의했습니다.

질문 흐름을 익히고, 답변을 만드는 과정을 단계별로 연습하면서 실전 감각을 차근차근 키워볼게요.

5번 질문과 기본 답변

MP3 CH01_B_05

Q5 How often do you go shopping?
쇼핑은 얼마나 자주 하시나요?

A5 I go shopping twice a week. It relieves my stress because I'm stressed out these days. So, I need it.
저는 일주일에 두 번 쇼핑을 해요. 저는 요즘 스트레스를 많이 받아서, 그것이 저의 스트레스를 풀어줘요.

 **답변 만드는 방법**

STEP 1. 질문을 내 말로 바꿔 말해요

How often do you ~?(얼마나 자주 ~하나요?)라는 질문에는 twice a week(일주일에 두 번), almost every day(거의 매일), once in a while(가끔씩) 같은 표현으로 대답하면 돼요.
질문 속 you를 I로 바꾸고, 의문사(How often)는 삭제해요.

➡ I go shopping twice a week.
    저는 일주일에 두 번 쇼핑을 해요.

STEP 2. 만능문장을 붙여서 이유를 말해요

기본 문장 뒤에 한 문장만 더 붙여도 답변이 풍부해져요.

파트3 만능문장 1: It relieves my stress. I'm stressed out these days. So, I need it.
그것은 저의 스트레스를 풀어줘요. 저는 요즘 스트레스를 많이 받아요. 그래서 그것이 필요해요.

➡ I go shopping twice a week. It <u>relieves my stress</u> because I'm stressed out these days. So, I need it.

✓ 만능문장을 그대로 활용해도 좋지만, because를 추가해 답변의 논리적 흐름을 완성했어요.

이제 6번 질문으로 넘어가 볼까요?
이번엔 쇼핑을 혼자 하는지, 아니면 다른 사람과 같이 하는지 물어보는 질문이에요.
이런 유형의 질문도 정해진 패턴만 익혀두면 쉽게 답할 수 있어요.

6번 질문과 기본 답변

MP3 CH01_B_06

Q6 Do you usually go shopping alone or with someone? Why?
보통 혼자 쇼핑을 하나요, 아니면 누군가와 함께 하나요? 왜 그러한가요?

A6 I usually go shopping with my friend because it's more fun and entertaining.
저는 보통 친구와 함께 쇼핑을 해요. 그게 더 재미있고 즐거움을 주거든요.

답변 만드는 방법

STEP 1. A or B로 물어보면, 내가 말하기 쉬운 걸 골라 대답해요

둘 중 하나를 고르라는 질문이 나오면, 내가 말하기 쉬운 쪽을 고르면 돼요.

➡ I usually go shopping with my friend.
저는 보통 친구와 함께 쇼핑을 해요.

STEP 2. 만능문장을 붙여서 이유를 말해요

만능문장을 사용해서 같이 쇼핑하면 더 재미있다는 이유를 덧붙여 볼게요.
파트3 만능문장 39: It's more fun and entertaining, so I don't get bored.
그것은 더 재미있고 즐거움을 줘서 저는 지루해지지 않아요.

➡ I usually go shopping with my friend because it's more <u>fun and entertaining</u>.
✓ more를 붙여서 '더 재미있고 즐겁다'라는 비교의 의미를 강조했어요.
✓ because로 연결해서 이유 문장을 자연스럽게 이어줬어요.

7번 질문과 기본 답변

Q7 Do you think shopping is a good way to feel better?
쇼핑이 기분을 더 좋게 해주는 좋은 방법이라고 생각하나요?

A7 Yes, I think shopping is a good way to feel better.
네, 저는 쇼핑이 기분을 더 좋게 해주는 좋은 방법이라고 생각해요.

First, it makes me happy and I can have a pleasant experience.
첫째, 쇼핑은 저를 행복하게 해주고, 기분 좋은 경험을 할 수 있게 해줘요.

Also, it's very helpful to me because it relieves my stress.
또한, 그것은 스트레스를 풀어주기 때문에 저에게 매우 도움이 돼요.

So, I think going shopping is a great way to feel better.
그래서 저는 쇼핑이 기분을 더 좋게 해주는 훌륭한 방법이라고 생각해요.

답변 만드는 방법

STEP 1. 서론 문장을 만들어요

Do you think ~?(~라고 생각하나요?)처럼 의견을 묻는 질문이 나오면, Yes, I think ~.(네, 저는 ~라고 생각해요.) 또는 No, I don't think ~.(아니요, 저는 ~라고 생각하지 않아요.)처럼 먼저 내 입장을 분명하게 말하는 것이 좋아요. 질문 문장을 그대로 활용하면 답변이 훨씬 쉬워져요!

➡ Yes, I think shopping is a good way to feel better.
　네, 저는 쇼핑이 기분을 더 좋게 해주는 좋은 방법이라고 생각해요.

STEP 2. 이유 문장을 만들어요

그 다음엔 만능문장을 활용해서 왜 그렇게 생각하는지 이유를 덧붙이면 돼요.
First/Also/So 같은 연결어를 사용하면 논리적인 흐름도 자연스럽게 만들어져요.
첫 번째 이유 문장은

파트3 만능문장 22: It makes me happy and I can have a great experience.
　　　　　　　그것은 저를 행복하게 해주고, 좋은 경험을 할 수 있게 해줘요.

➡ First, it makes me happy and I can have <u>a pleasant experience</u>.
✓ First를 붙여서 답변의 첫 번째 이유임을 표시했어요.
✓ great을 pleasant로 바꿔서 좀 더 부드럽고 격식 있는 느낌을 줬어요.

그리고 두 번째 이유 문장은

파트3 만능문장 36: It's very helpful to me. 그것은 저에게 매우 도움이 돼요.
파트3 만능문장 1: It relieves my stress. I'm stressed out these days. So, I need it.
　　　　　　　　그것은 저의 스트레스를 풀어줘요. 저는 요즘 스트레스를 많이 받아요. 그래서 그것이
　　　　　　　　필요해요.

➡ Also, it's very **helpful** to me because it **relieves my stress**.
✓ Also를 앞에 붙여서 추가 이유를 제시하는 흐름으로 만들었어요.
✓ because ~를 붙여 스트레스 해소와 도움을 직접 연결했어요

STEP 3. 결론 문장을 만들어요

마지막 결론 문장은 있어도 되고 없어도 괜찮아요.

결론 문장을 만들고 싶다면, 서론에서 말한 문장을 한 번 더 간단히 반복해주면 돼요.

So, I think going shopping is a great way to feel better.
그래서 저는 쇼핑이 기분을 더 좋게 해주는 훌륭한 방법이라고 생각해요.

➡ Yes, I think shopping is a good way to feel better.
　 First, it makes me happy and I can have a pleasant experience.
　 Also, it's very helpful to me because it relieves my stress.
　 So, I think going shopping is a great way to feel better.

만능테마 01 | 비교하기

 제니쌤의 말하기 출발선

둘 중 하나만 선택하라구요?
이런 질문, Part3 질문에 답하기 유형에서 자주 만날 수 있어요. 예를 들어 'A와 B 중 뭐가 더 좋아요?'처럼 두 가지 중 하나를 골라야 하죠.
망설이지 말고 말하기 쉬운 쪽을 골라주세요. 그 다음에는 '더 빠르다(faster)', '더 저렴하다(cheaper)' 같은 비교 표현을 활용하면 답변을 자연스럽게 이어갈 수 있어요.

 MP3 CH01_T01

만능문장 01 | 스트레스를 풀어주다 relieve stress

It relieves my stress. I'm stressed out these days. So, I need it.

그것은 저의 스트레스를 풀어줘요. 저는 요즘 스트레스를 많이 받아요. 그래서 그것이 필요해요.

스트레스를 받았다고 표현할 때는 I'm stressed.(저는 스트레스를 받아요.)라고 해도 되지만, I'm stressed out.(저는 스트레스를 많이 받아요.)이라고 표현하면 더 강하게, 진짜 지쳤다는 느낌이 나요.
현재 상황과 연결해서 말하고 싶다면 I'm stressed out these days.처럼 these days(요즘)를 붙여 말하면 돼요.

● 만능문장 02   돈을 절약하다 save money

It's cheaper, so I can **save money**.
그것은 더 저렴해서 저는 돈을 절약할 수 있어요.

비교급을 쓰면 내가 선택한 것이 다른 것보다 '더 ~하다'는 내용을 담을 수 있어요. cheap(저렴한)처럼 짧은 형용사는 -er을 붙여서 비교급을 만들고, 반대로 expensive(비싼)처럼 긴 형용사는 more를 붙여 비교급을 만들어야 해요. 바쁜 스피킹 시험장에서는 알고 있더라도 more cheaper처럼 실수하기 쉬워요.
짧은 단어엔 -er, 긴 단어엔 more! 이 공식만 기억하세요.

● 만능문장 03   합리적이다 be reasonable

The price is **reasonable**.
가격이 합리적이에요.

---

cheap(가격이 저렴한)은 다소 가볍게 들리거나 단순히 가격만 강조하는 느낌인 반면, reasonable(합리적인)은 '가격이 괜찮다', '납득할 만하다', '비싸지 않다'는 뉘앙스를 줘요.
참고로, reasonable은 긴 단어라서 '더 합리적인 가격'이라고 말할 땐 more reasonable이라고 해야 해요.

● 만능문장 04   시간을 절약하다 save time

It's faster, so I can save time.
그것은 더 빨라서 저는 시간을 절약할 수 있어요.

내가 선택한 옵션이 더 빠르고 효율적이라고 말하고 싶다면, 이 만능문장을 꺼내 쓰세요. 시험에서 자주 나오는 패턴으로, 비교급을 쓰고 because나 so 같은 연결어를 붙이면 문장의 흐름이 훨씬 자연스러워진다는 것도 함께 기억하세요.

입에 착붙 만능 VOCA

relieve 덜어주다, 완화하다   stressed out 스트레스를 많이 받은, 압박을 느끼는
save 절약하다, 저장하다   cheaper 더 저렴한   reasonable 합리적인, 적당한   faster 더 빠른

스피킹 SOS

'It's very faster.'라고 해도 되나요?

많은 분들이 very faster라고 말해도 될 것 같다고 생각하시는데요, 문법적으로는 틀린 표현이에요. -er이나 more로 만든 비교급 형용사를 강조할 때는 much, far, a lot 같은 표현을 써야 해요.
ex much faster 훨씬 빠른
　　 a lot cheaper 훨씬 저렴한

than(~보다) 이하를 생략해도 되나요?

네, 문맥상 비교 대상이 분명할 때는 생략해도 괜찮아요.
예를 들어, Which is more convenient, taking a taxi or riding a bus?(택시 타는 게 더 편해요, 아니면 버스 타는 게 더 편해요?)라는 질문이 나왔다면, Taking a taxi is more convenient.(택시 타는 게 더 편해요.)라고만 답변해도 자연스러워요.
질문에 이미 '택시 타기'와 '버스 타기'라는 비교 대상이 제시되어 있기 때문에, 답변에서 than riding a bus(버스를 타는 것보다)를 굳이 반복하지 않아도 되는 거예요.

What kind of restaurants do you usually go to near your school or workplace?
보통 학교나 직장 근처에서 어떤 종류의 음식점에 가나요?

I usually go to fast-food restaurants.
저는 주로 패스트푸드점을 갑니다.

It's much cheaper, so I can **save money**.
　　　　　　　　　　　　　파트3 만능문장 02
그것은 훨씬 더 저렴해서 저는 돈을 절약할 수 있어요.

Also, the food is quick and the price is very **reasonable**.
　　　　　　　　　　　　　　　　　　파트3 만능문장 03
또한, 음식이 빠르고 가격이 매우 합리적이에요.

만능테마 02 | 정보 얻기

 제니쌤의 말하기 출발선

정보를 얻는 주제는 토익스피킹에서 빠지지 않고 등장해요.
예를 들어, 수업을 듣거나, 책을 읽거나, TV를 보는 것도 모두 정보를 얻는 방법이죠.
이럴 땐 정보를 얻다(get information)라는 표현을 중심으로 다양하게 답변을 만들 수 있어요. 또한 스마트폰에서(on my smartphone), 친구에게서(from my friend)처럼 어디서 얻는지를 덧붙이면 훨씬 구체적인 답변이 완성된답니다.

● **만능문장 05**   유용한 정보를 얻다 get useful information

I can **get** a lot of **useful information** from my friends.
저는 친구들에게서 많은 유용한 정보를 얻을 수 있어요.

이 만능문장은 어디서 정보를 얻는지를 말할 때 아주 유용해요. from books(책에서), on the internet(인터넷에서), on my smartphone(스마트폰에서)처럼 정보를 얻을 수 있는 출처만 바꿔서 다양하게 활용할 수 있어요.

만능문장 06 — 믿을 만하다 be reliable / trustworthy

It's more **reliable**, so the information **is** more **trustworthy**.

그것은 더 믿을 만해서 정보가 더 신뢰가 가요.

---

reliable은 출처 자체가 믿을 만하다는 뜻이고, trustworthy는 그 안에 담긴 정보가 진짜라는 의미예요. 그래서 위 만능문장은 출처가 믿을 만하니 정보도 신뢰할 수 있다는 자연스러운 연결이 돼요. 이 만능문장은 뉴스, 블로그, 웹사이트, 전문가 같은 정보원에 두루 활용할 수 있어요.

만능문장 07 — 언제 어디서나 anytime anywhere

I can get information **anytime anywhere** on my smartphone.

언제 어디서나 정보를 내 스마트폰에서 얻을 수 있어요.

이 만능문장은 스마트폰처럼 접근성이 뛰어난 기술이나 서비스의 장점을 말할 때 유용해요.
- 언제 어디서나 볼 수 있는 강의
- 누구나 쉽게 얻을 수 있는 정보

스마트폰의 편리함이나 효율성을 강조할 때 꼭 꺼내 써보세요.

 입에 착붙 만능 VOCA

useful 유용한 information 정보 reliable 믿을 만한 trustworthy 신뢰할 만한 anytime 언제든지 anywhere 어디서나

스피킹 SOS

 '인터넷에서'라고 할 때는 왜 on을 사용하나요?

인터넷은 하나의 장소나 플랫폼처럼 여겨지기 때문에 on을 써요. 그래서 정보를 말할 땐 보통 on the internet이라고 표현해요.
- **ex** on a website 웹사이트에서
  on social media 소셜 미디어에서

반면에, 사람이나 뉴스 등 정보의 출처를 말할 때는 from을 써요.
- **ex** from a friend 친구에게서
  from the news 뉴스에서

 many information은 틀린 표현인가요?

네, 틀린 표현이에요!
information(정보)은 셀 수 없는 명사라서, many처럼 개수를 셀 때 쓰는 표현과는 함께 쓸 수 없어요. 셀 수 없는 명사 앞에는 much를 쓰거나, 셀 수 있는 명사와 셀 수 없는 명사 앞에 모두 쓸 수 있는 a lot of를 붙이면 돼요.

✗ many information
○ much/a lot of information 많은 정보

실전 리허설 MP3 CH01_T02_AR

질문

Which of the following sources do you usually use when working on assignments or projects?
과제나 프로젝트를 할 때, 다음 중 보통 어떤 출처를 사용하시나요?

- Internet 인터넷
- Academic journals 학술지
- Newspapers 신문

> **VOCA** following 다음의, 이후의 source 출처 assignment 과제, 임무, 숙제 project 프로젝트, 과제, 연구

답변  30초 답변

I usually get information from newspapers.
저는 주로 신문에서 정보를 얻어요.

First, I can **get** a lot of **useful** and up-to-date **information** from newspapers.
파트3 만능문장 05
첫째로, 신문에서 유용한 최신 정보를 많이 얻을 수 있어요.

> **VOCA** up-to-date 최신의

Also, they **are** more **reliable**, so the information **is** more **trustworthy**.
파트3 만능문장 06
또한, 신문은 더 믿을 만해서 정보가 더 신뢰가 가요.

만능테마 03 | 좋은 시설과 핫플레이스

제니쌤의 말하기 출발선

토익스피킹에서는 시설이 좋은 장소, 많은 사람이 찾는 장소, 또는 개선이 필요한 공간에 대해 묻는 문제가 자주 출제돼요.
예를 들어, '책 읽기 좋은 카페를 추천해주실 수 있나요?' 같은 질문이 나올 수 있어요. 이럴 때는 좋은 시설(great facilities), 인기 있는 곳(well-liked place)과 같은 표현들을 꺼내 쓰면 답변이 훨씬 자연스러워진답니다!

만능문장 보석함 MP3 CH01_T03

만능문장 08 좋은 시설 **great facilities**

It has **great facilities**.

그것은 좋은 시설들을 가지고 있어요.

---

facilities는 /fəˈsɪl.ə.tiz/로 발음하며 '퍼-씰-러-티즈'처럼 들려요. 발음이 다소 까다롭지만, 강세는 두 번째 음절 sil에 두고 자연스럽게 이어서 말하면 돼요.
great는 good보다 더 강한 긍정의 의미를 가져요. 그래서 great facilities는 '정말 훌륭한 시설', good facilities는 '괜찮은 시설'을 의미해요.

 제니쌤의 한입 꿀팁

구체적인 예시를 덧붙이면 답변이 훨씬 좋아져요. 예시를 들고 싶을 땐 such as(~와 같은)를 사용해서 답변을 더 구체적으로 만들 수 있어요.

ex It has great facilities such as comfortable chairs and free Wi-Fi.
그곳은 편안한 의자와 무료 와이파이와 같은 좋은 시설들을 가지고 있어요.

● 만능문장 09   인기 있는 곳 well-liked place

It's a **well-liked place**, so people love it.
그곳은 인기 있는 곳이라, 사람들이 아주 좋아해요.

인기 있는 곳을 말할 때 well-liked와 popular 모두 쓸 수 있지만, 의미와 뉘앙스에는 약간의 차이가 있어요. well-liked는 사람들의 호감도를 강조하고, popular는 유명세를 강조해요.

또 사람들이 무엇을 좋아한다고 표현할 때, People like it.으로 간단히 표현해도 되고 People love it.으로 더 강한 선호도를 나타낼 수도 있어요.

제니쌤의 한입 꿀팁

표현	쓰임	예문
well-liked	꼭 유명하지 않아도, 사람들이 정서적으로 좋아하고 편하게 느끼는 곳 ➡ 사람들의 호감	It's a well-liked place, so many people enjoy going there. 그곳은 인기 있는 곳이라, 사람들이 그곳에 가는 것을 좋아해요
popular	사람들이 많이 알고 자주 찾는 곳 ➡ 유명세	It's a popular restaurant near my school. 그건 내 학교 근처에서 유명한 식당이에요.

만능문장 10   새로운 것을 가지다   have new ones

They are too old, so I think it's good to have new ones.
그것들은 너무 오래 되어서 새로운 것이 생기면 좋을 것 같아요.

---

ones는 앞에 나온 복수형 명사를 반복하지 않기 위해서 쓰는 말이에요. 앞에서 나온 명사가 단수일 땐 one, 복수일 땐 ones를 쓰면 돼요.
예를 들어, 앞에 나온 명사가 a new book(새로운 책 한 권)이라면, 그 다음에는 반복을 피하기 위해 a new one(새로운 것)이라고 쓸 수 있고 new chairs(새로운 의자들)가 앞에 나왔다면, 뒤에서는 new ones(새로운 것들)로 대신 쓸 수 있어요.
It's good to~.(~하는 것은 좋아요.)는 어떤 행동을 추천하거나 긍정적으로 평가할 때 사용하는 아주 유용한 표현이에요.

> **ex** It's good to exercise regularly. 규칙적으로 운동하는 게 좋아요.

🍯 제니쌤의 한입 꿀팁

old 대신 outdated로 바꿔 써보세요!
old는 '오래된'이라는 뜻이고, outdated는 '시대에 뒤처진', '구식의'라는 뉘앙스를 담고 있어요. 예를 들어, 낡은 의자나 오래된 장비처럼 기능이나 디자인이 너무 옛날 것 같을 때는 outdated가 더 자연스러워요.

> **ex** They are too outdated, so I think it's good to have new ones.
> 그것들은 너무 구식이라 새로운 것들이 생기면 좋을 것 같아요.

만능문장 11 — 편리하다 be convenient

**If we had more stores here,
it would be more convenient.**

여기에 더 많은 가게들이 있다면, 더 편리할 거예요.

It would be ~.는 '~일 텐데요.' 또는 '~하면 좋겠어요.'처럼 현재 사실과 다른 상황을 가정할 때 자주 쓰여요.

입에 착붙 만능 VOCA

facilities 시설   well-liked 인기 있는, 좋아하는   outdated 시대에 뒤떨어진, 구식의   convenient 편리한

🚨 스피킹 SOS

 have와 has의 차이가 헷갈려요! 언제 have를 쓰고, 언제 has를 써야 하나요?

have와 has는 주어에 따라 다르게 써요.
- 주어가 I, You, We, They일 때 ➡ have
- 주어가 He, She, It일 때 ➡ has

ex She has a car. 그녀는 차를 한 대 가지고 있어요.
They have a new laptop. 그들은 새 노트북을 가지고 있어요.
It has a big library. 그곳에는 큰 도서관이 있어요.

동사 have/has는 단순히 '가지다' 뿐만 아니라, '~이 있다'라는 의미로도 자주 쓰여요.

 가정법이 막막할 때, 이렇게 접근해보세요!

가정법은 '만약에~라면 좋을 텐데!' 하고 현실이 아닌 다른 상황을 상상해서 말하는 표현이에요.
지금은 아니지만, 그렇게 됐으면 좋겠다고 말할 때 쓰는 거예요.

ex If I had more money, I would buy a new phone.
(지금 돈은 없지만) 만약 나에게 돈이 더 있다면, 새 폰을 살 텐데.
If we had more stores here, it would be more convenient.
(지금 가게는 부족하지만) 이곳에 가게가 더 많다면, 더 편리할 텐데.

가정법 공식
If + 주어 + 과거형 동사, 주어 + would/could + 동사원형.

ex If I had a car, I would go on a trip.
만약 나에게 차가 있다면, 여행을 갈 텐데.

실전 리허설 `MP3 CH01_T03_AR`

질문

Can you recommend a good place to read books in your neighborhood?
당신의 동네에 책 읽기 좋은 장소를 추천해 줄 수 있나요?

답변  30초 답변

I would recommend ABC Café because it has **great facilities**.
파트3 만능문장 08
ABC 카페를 추천드려요. 왜냐하면, 그곳은 좋은 시설이 있기 때문이에요.

 제니쌤의 한입 꿀팁

추천 장소가 실제로 존재하지 않아도 괜찮아요!
ABC Café처럼 임의로 지은 장소 이름을 사용해도 감점되지 않아요. 실전에서 중요한 건 빠르게 답변을 구성하는 능력입니다.

It has comfortable chairs and free Wi-Fi.
그곳은 편안한 의자와 무료 와이파이가 있어요.

It's a **well-liked place**, so people love it.
파트3 만능문장 09
그곳은 인기 있는 곳이라, 사람들이 좋아해요.

 제니쌤의 한입 꿀팁

so는 인과관계를 드러내는 연결어예요!
It's a well-liked place, so people love it.처럼 원인과 결과를 자연스럽게 이어 줄 때 연결어 so를 사용하면 답변의 흐름이 훨씬 매끄러워져요.

만능테마 04 | 예산 부족

 제니쌤의 말하기 출발선

Part3 질문에 답하기 유형에서는 구매의 가성비나 합리적인 쇼핑 장소, 불필요한 지출 또는 정부의 투자 방향과 같은 주제도 빠지지 않고 자주 등장해요. 이러한 질문에 효과적으로 답하려면 돈 낭비(waste of money), 예산 부족(budget is tight)과 같은 다양한 표현을 활용하는 것이 좋아요.

 만능문장 보석함

● 만능문장 **12**   예산이 빠듯하다 **budget is tight**

I'm a student, so my **budget is tight**.

저는 학생이라 예산이 빠듯해요.

돈이 부족함을 표현할 때 I don't have enough money.(돈이 충분하지 않아요)도 좋지만 My budget is tight.(예산이 빠듯해요)처럼 표현하면 훨씬 더 고급스러운 답변이 완성돼요.

● 만능문장 **13** ~할 여유가 없다 can't afford to

I can't afford to buy expensive things.
저는 비싼 것을 살 여유가 없어요.

'can't afford to + 동사원형'은 '~할 (경제적) 여유가 없다'는 뜻이에요. 주로 부정문에서 쓰이고, 경제적 여유가 없어서 못 한다는 맥락에 자주 활용돼요. can't afford 뒤에 명사가 바로 올 수도 있어요.

ex I can't afford expensive things. 저는 비싼 물건은 살 여유가 없어요.

● 만능문장 **14** ~에 돈을 낭비하다 waste money on

I don't want to waste too much money on that.
저는 그것에 돈을 너무 많이 낭비하고 싶지 않아요.

---

waste(낭비하다)는 돈, 시간, 에너지 등을 낭비할 때 쓸 수 있는 중요한 동사로, 토익 스피킹에 자주 등장해요.
또한 too는 '너무, 지나치게'라는 의미로 부정적인 뉘앙스를 줄 때 사용돼요.
예를 들어, too expensive(너무 비싼), too crowded(너무 붐비는)처럼 쓸 수 있어요.

🍯 제니쌤의 한입 꿀팁

waste를 활용한 다양한 표현을 정리해볼게요.

- waste money on + 명사 ~에 돈을 낭비하다
  - **ex** I don't want to waste money on an expensive computer.
    저는 비싼 컴퓨터에 돈을 낭비하고 싶지 않아요.
- It's a waste of + 돈/시간 그것은 돈/시간 낭비다
  - **ex** It's a waste of money. 그건 돈 낭비예요.
- waste time -ing ~하는 데 시간을 낭비하다
  - **ex** I don't want to waste time waiting in line.
    저는 줄 서서 기다리는 데 시간을 낭비하고 싶지 않아요.

● 만능문장 15 돈 낭비 a waste of money

It's a waste of money.

그건 돈 낭비예요.

어떤 행동이나 선택, 구매가 비효율적일 때 쓰는 표현이에요.
of 뒤에 다양한 명사를 넣어 부정적인 의견을 자연스럽게 말할 수 있어요.

ex It's a waste of time. 그건 시간 낭비예요.
It's a waste of energy. 그건 에너지 낭비예요.

🔖 입에 착붙 만능 VOCA

budget 예산 tight 빠듯한 afford 여유가 있다, 감당할 수 있다 expensive 비싼

스피킹 SOS

very, too, so는 어떻게 다른가요?

세 단어 모두 '매우'라는 뜻을 갖고 있지만, 뉘앙스는 조금씩 달라요.

표현	쓰임	예문
very	단순한 강조	It's very cold. 정말 추워요.
too	부정적인 의미 전달	It's too cold. 너무 추워요. (그래서 불편해요)
so	원인과 결과 (so+형용사+that S+V ~.)	It was so cold that I stayed home. 너무 추워서 집에 있었어요.

 MP3 CH01_T04_AR

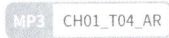

Would you prefer giving money as a gift for your parents on their wedding anniversary, or buying them fancy gifts?
부모님의 결혼기념일 선물로 돈을 드리는 것과 화려한 선물을 사드리는 것 중 어느 것을 선호하나요?

 🕐 **30초 답변**

I would prefer giving money as a gift. 저는 선물로 돈을 드리는 것을 더 선호해요.

First, it's very **convenient** and practical. 첫째, 그것은 매우 편리하고 실용적이에요.
파트3 만능문장 35 변형

I don't have to waste time choosing gifts.
선물을 고르느라 시간을 낭비할 필요가 없어요.

Also, I'm a student, so my **budget is tight**. 또한, 저는 학생이라 예산이 빠듯해요.
파트3 만능문장 12

So, I **can't afford to** buy expensive gifts. 그래서 저는 비싼 선물을 살 여유가 없어요.
파트3 만능문장 13

만능테마 05 | 시간 부족

제니쌤의 말하기 출발선

토익스피킹에서는 시간과 관련된 주제도 빠지지 않고 등장해요. 예를 들어, '온라인 강의 vs 현장 강의'처럼 선택지를 제시하고, 하나를 고른 후 이유를 설명하라는 문제가 자주 나옵니다. '요즘 시간이 부족해서(don't have much time) 온라인 강의가 더 편할 것 같아요'처럼 답변하면 자연스럽고 좋은 점수를 받을 수 있어요.
이번에는 이러한 질문들에 능숙하게 대답할 수 있도록 시간 테마 만능문장들을 정리해볼게요.

 만능문장 보석함

● 만능문장 16   학업에 바쁘다 be busy with schoolwork

I'm a student, so I'm busy with (my) schoolwork.

저는 학생이어서 학업에 바빠요.

학교 과제나 공부 때문에 바쁠 때는 be busy with schoolwork를, 직장일 때문에 바쁠 때는 be busy with work를 쓰면 돼요.

만능문장 17   시간이 별로 없다 don't have much time

I don't have much time.
저는 시간이 별로 없어요.

시간이 부족할 때 쓸 수 있는 만능문장이에요. have much time은 보통 부정문 (don't/doesn't have much time) 형태로 자주 쓰여요. '시간이 많다' 보다는 '시간이 없다/부족하다'라고 말할 상황이 훨씬 많기 때문이에요. 위 만능문장에서 much 대신에 enough를 넣어서도 말할 수 있어요.

> **ex** I don't have enough time. 저는 시간이 충분하지 않아요.

만능문장 18   ~에 시간을 낭비하다 waste time on

I don't want to waste time on that.
저는 그것에 시간을 낭비하고 싶지 않아요.

---

waste time on(~에 시간을 낭비하다)은 효율성을 강조할 때 자주 쓸 수 있어요. 시간이 오래 걸리는 활동을 피하고 싶을 때 이 만능문장을 꺼내 쓰면 딱이에요.

● 만능문장 **19**　시간 낭비 a waste of time

It's **a waste of time**.

그것은 시간 낭비예요.

'줄 서서 오래 기다리는 건 시간 낭비예요'처럼 어떤 행동이 비효율적이거나 별로 가치가 없을 때 쓸 수 있는 만능문장이에요.

 입에 착붙 만능 VOCA

busy 바쁜　schoolwork 학업

 스피킹 SOS

　and, so, because의 차이점이 뭘까요?

- and 그리고 ➡ 두 가지 사실을 나열할 때
  ex I'm a student and I'm busy. 나는 학생이고 바빠요.

- so 그래서 ➡ 앞에 이유, 뒤에 결과를 말할 때
  ex I'm a student, so I'm busy. 나는 학생이라서 바빠요.

- because ~때문에 ➡ 앞에 결과, 뒤에 이유를 말할 때
  ex I'm busy because I'm a student.
  나는 바빠요. 왜냐하면 학생이거든요.

What kind of workplace do you prefer when looking for a job?
직장을 구할 때 어떤 곳을 선호하나요?

 30초 답변

I prefer a company that provides convenient transportation.
저는 편리한 교통편을 제공하는 회사를 선호해요.

I'm so busy with my work, so I don't have much time.
      파트3 만능문장 16 변형   파트3 만능문장 17
저는 일하느라 너무 바빠서 시간이 별로 없어요.

I don't want to waste time waiting for the shuttle bus.
         파트3 만능문장 18 변형
저는 셔틀 버스를 기다리느라 시간을 낭비하고 싶지 않아요.

It's a waste of time.
   파트3 만능문장 19
그것은 시간 낭비예요.

만능테마 06 | 필요한 것

제니쌤의 말하기 출발선

Part3 질문에 답하기 유형에서는 무엇이 꼭 필요한지, 어떤 것을 자주 사용하는지를 묻는 문제도 자주 나와요. 이런 문제들은 necessary(필요한), frequently(자주) 같은 표현을 포함한 만능문장을 활용하면 답변하기가 쉬워요. 게다가 이런 만능문장은 다양한 주제에서 이유를 덧붙이거나 강조할 때도 유용하니 꼭 익혀두세요!

만능문장 보석함   MP3 CH01_T06

만능문장 20   꼭 필요하다 be necessary

It's necessary for me.
그것은 저한테 꼭 필요해요.

'왜 그것이 중요한가요?'처럼 필요성이나 중요성을 묻는 문제에는 It's necessary for me.라고 답한 뒤, 간단한 이유를 덧붙이면 설득력 있는 답변이 완성돼요.

ex It's necessary for me because I want to stay healthy.
건강을 유지하고 싶기 때문에 그것은 저에게 꼭 필요해요.

제니쌤의 한입 꿀팁

necessary(필요한) 대신 다른 단어를 써서 다양하게 표현할 수도 있어요.
- It's important for me ~. 그것은 나에게 중요해요.
- It's essential for me ~. 그것은 나에게 필수적이에요.
- It's helpful to me ~. 그것은 나에게 도움이 돼요.

만능문장 21   자주 이용하다 frequently use

I **frequently use** it.
저는 그것을 자주 이용해요.

---

frequently는 '자주, 빈번하게'라는 뜻으로, 평소 습관이나 행동을 설명할 때 유용해요. often(자주, 종종)과 비슷한 의미지만, 조금 더 격식 있는 표현이라 시험에서 사용하면 더 세련된 답변을 만들 수 있어요.

제니쌤의 한입 꿀팁

frequently가 어렵게 느껴진다면, I use it a lot (저는 그것을 많이 사용해요.) 혹은 I often use it.(저는 그것을 자주 사용해요.)으로 바꿔 말해도 충분해요.

입에 착붙 만능 VOCA

necessary 필요한   frequently 자주, 빈번하게

스피킹 SOS

 **빈도 부사는 어느 위치에 써야 하나요?**

빈도 부사는 어떠한 행동이나 활동을 얼마나 자주 하는지를 표현할 때 쓰는 단어예요. 자주 쓰이는 빈도 부사로는 always(항상), often(자주), usually(보통), sometimes(때때로), never(전혀 ~하지 않다) 등이 있어요. I frequently use it.(저는 그것을 자주 사용해요) 같은 문장을 자연스럽게 말하려면, 빈도 부사의 위치를 익히는 것이 중요해요. 기본 위치를 익혀 볼까요?

- 일반 동사 앞

  I frequently use it. 저는 그것을 자주 사용해요.

- be동사 뒤

  I'm usually tired after work. 저는 퇴근 후에 보통 피곤해요.

- 조동사 뒤 + 일반 동사 앞

  You can always ask for help.
  당신은 언제든지 도움을 요청할 수 있어요.

- 문장 맨 앞 또는 맨 뒤

  Sometimes I watch TV. 가끔 나는 TV를 봐요.
  I eat out often. 나는 자주 외식을 해요.

실전 리허설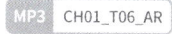

If you were to spend a day at a park, which of the following would you bring?
만약 공원에서 하루를 보낸다면, 다음 중 무엇을 챙겨가겠습니까?

- A book 책
- A musical instrument 악기
- Sports equipment 운동 기구

30초 답변

I would bring sports equipment because it's **necessary** for me to stay active.
파트3 만능문장 20
저는 운동 기구를 챙겨갈 거예요. 왜냐하면 활동적으로 지내는 것이 저한테는 꼭 필요하기 때문이에요.

I **frequently use** it when I go to the park because playing sports is a
파트3 만능문장 21
fun way to exercise and spend time with others.
저는 공원에 갈 때 그것을 자주 이용해요. 왜냐하면 스포츠를 하는 것은 운동을 하고, 다른 사람들과 시간을 보내는 재미있는 방법이기 때문이에요.

만능테마 07 | 좋은 경험, 믿을 수 있는 선택

 제니쌤의 말하기 출발선

토익스피킹에서는 개인적인 경험에 대해 질문하거나, 물건이나 서비스를 고르는 기준에 대해 묻는 문제가 자주 나와요. 경험을 말할 때 보통 즐겁고 만족스러웠던 기억을 이야기하게 되는데, 이럴 때 '즐거운 경험(pleasant experience)'이나 '좋은 경험(great experience)'과 같은 표현을 사용하면 더 자연스럽고 풍부하게 전달할 수 있어요.
또, 어떤 것을 선택한 이유를 말할 때 '신뢰가 간다(be reliable)', '좋은 선물(a good gift)' 같은 표현도 자주 쓰입니다.
이번에는 이런 상황에 꼭 맞는 만능문장들을 익혀볼게요!

만능문장 22 좋은 경험 a great experience

It makes me happy and I can have a great experience.

그것은 저를 행복하게 해주고, 저는 좋은 경험을 할 수 있어요.

어떤 서비스나 활동이 인상 깊었거나, 누군가에게 추천하고 싶은 경우에 자주 활용할 수 있는 만능문장이에요.

만능문장 23   즐거운 경험 a pleasant experience

They provide a good environment and a pleasant experience.

그들은 좋은 환경과 즐거운 경험을 제공해요.

친절한 서비스, 깨끗한 장소, 좋은 분위기 덕분에 기분이 좋았던 상황을 표현할 때 활용하면 좋은 만능문장이에요.

만능문장 24   새로운 것들을 도전하다 try new things

I like to try new things.

저는 새로운 것들을 도전해 보는 것을 좋아해요.

새로운 음식, 새로운 장소, 새로운 방법 등 상황에 따라 다양하게 쓸 수 있는 만능문장이에요. 예를 들어, 여행지에서 낯선 문화를 체험할 때 직장에서 다른 방식으로 협업해볼 때 모두 해당돼요. 말 그대로 익숙하지 않은 걸 용기 있게 시도할 때 쓰는 만능문장이에요.

뒤에 because it's fun.(재미있어서요.), 또는 because I can enjoy it.(즐길 수 있어서요.)처럼 간단한 문장을 덧붙이면 더 훌륭한 답변이 돼요.

만능문장 25 — 믿을 만하다 be reliable

It's reliable, so I can trust the product.
그것은 믿을 만해서 저는 그 제품을 신뢰할 수 있어요.

---

reliable은 '믿을 만한, 신뢰할 수 있는'이라는 뜻이에요. 예를 들어, 내구성이 좋은 제품, 정확한 정보를 주는 웹사이트, 시간을 잘 지키는 사람 등 신뢰가 가는 대상 모두에게 이 표현을 쓸 수 있어요.

만능문장 26 — 인기 있는 것  a popular item

It's **a popular item**, so people will love it.
그것은 인기 있는 것이라 사람들이 좋아할 거예요.

많은 사람들에게 잘 팔리는 상품이나 자주 사용하는 물건, 핫플레이스, 유행하는 활동 등을 표현할 때 쓸 수 있는 만능문장이에요.

🍯 제니쌤의 한입 꿀팁

popular(인기 있는)은 다양한 형태로 쓸 수 있어요.
- be popular with + 사람들 사람들에게 인기가 있다
    - **ex** This item is popular with teenagers.
        이 아이템은 10대들에게 인기가 있어요.
- become popular 인기를 얻게 되다
    - **ex** Online classes have become popular these days.
        요즘 온라인 수업들이 인기를 얻고 있어요.

만능문장 27   정서적 가치 sentimental value

It has **sentimental value**.
그것은 정서적인 가치가 담겨 있어요.

이 만능문장은 어떤 물건이 정서적으로 특별한 의미를 가진다는 걸 표현할 때 꺼내 써요. 가격이나 실용성보다, 그 안에 담긴 추억이나 마음이 더 중요할 때 쓰는 거예요. 예를 들어, 가족이 선물해 준 시계나 어린 시절 사진처럼, 버릴 수 없을 만큼 소중한 물건을 설명할 때 쓸 수 있어요. 토익스피킹에서는 선물 추천, 내가 좋아하는 물건, 버리지 못하는 이유를 말할 때 자연스럽게 활용할 수 있어요.

만능문장 28   좋은 선물 a good gift

It's **a good gift**.
그것은 좋은 선물이에요.

---

a good gift는 말 그대로 받으면 기분 좋은 선물이라는 뜻이에요.
이 만능문장 뒤에 because it's useful.(유용해서요.), because it's not too expensive.(너무 비싸지 않아서요.)처럼 because를 활용하여 간단한 이유를 덧붙이면 답변이 더 풍부해져요.

 **입에 착붙 만능 VOCA**

experience 경험 pleasant 즐거운 popular 인기 있는 sentimental 정서적인, 감상적인

스피킹 SOS

 감정 표현, 어렵지 않아요!

어떤 활동이나 경험이 나에게 어떤 기분을 주는지 말하고 싶을 때, 'It makes me + 형용사(그것은 저를 ~하게 해줘요.)' 구조를 쓰면 아주 좋아요. 내 감정을 자연스럽게 말하는 데 유용하게 쓸 수 있어요. 토익 스피킹에서 활동 추천, 선호 이유, 내 경험을 설명할 때 딱 어울려요.

> **ex** It makes me relaxed. 그것은 저를 편안하게 해줘요.
> It makes me excited. 그것은 저를 신나게 해줘요.

 good, great, pleasant의 차이는 뭔가요?

세 단어 모두 '좋은'이라는 뜻이지만, 느낌이 조금씩 달라요.
말하는 상황에 따라 어울리는 표현도 달라지죠!

- good은 가장 기본 표현이에요.
  ➡ 무난하고 괜찮았을 때 쓰면 딱이에요.
  > **ex** I had a good experience. 좋은 경험이었어요.
- great은 한 단계 더 업!
  ➡ 정말 만족스러웠을 때, 강하게 칭찬하고 싶을 때 좋아요.
  > **ex** I had a great experience. 아주 만족스러운 경험이었어요.

- pleasant는 말투도 느낌도 부드럽고 고급스러운 표현이에요.
  ➡ 기분 좋고 편안한 경험을 말할 때 자주 써요.
  ex I had a pleasant experience. 즐거운 경험이었어요.

What kind of activity do you enjoy when traveling to a new place?
새로운 곳으로 여행을 갈 때 어떤 종류의 활동을 즐기나요?

 15초 답변

I enjoy trying local food when traveling to a new place.
저는 새로운 곳으로 여행을 갈 때 현지 음식을 먹어보는 것을 즐겨요.

질문 속 표현을 그대로 활용하면 손쉽게 매끄러운 답변을 만들 수 있어요.
예를 들어, 질문에 나온 when traveling to a new place(새로운 곳으로 여행을 갈 때)를 답변에 그대로 붙여 I enjoy trying local food **when traveling to a new place**.로 문장을 매끄럽게 만들었어요!

I like to try new things because it's fun and exciting.
파트3 만능문장 24
저는 새로운 것들을 도전해 보는 것을 좋아하는데, 그것은 재미있고 신나기 때문이에요.

만능테마 08 | 일상과 감정 표현

 제니쌤의 말하기 출발선

토익스피킹에서 내 이야기를 할 때 빠질 수 없는 것이 바로 매일 하는 루틴과 습관이에요.
이런 일상적인 주제는 어렵지 않게 말할 수 있고, 답변도 훨씬 풍부하게 만들 수 있죠.
I like it!(좋아요!), It's great!(훌륭해요!), It's awesome!(근사해요!)와 같은 짧고 쉬운 표현도 잘만 활용하면 내 감정을 더하고, 이유를 보완하는 데 아주 유용하답니다.
이번에는 루틴과 습관을 말할 때 어떤 만능문장을 쓰면 자연스러운지, 그리고 감정은 어떻게 표현하는지 함께 알아볼 거예요!

 만능문장 보석함   MP3 CH01_T08

 내 일상의 일부 **part of my routine**

It's **part of my routine**.

그것은 제 일상의 일부예요.

이 만능문장은 어떤 활동이 매일 반복되는 습관처럼 자리 잡았을 때 쓸 수 있어요.
routine은 매일 하는 일이나 익숙한 루틴이라는 뜻이에요.
예를 들어, 아침에 운동하기, 자기 전에 책 읽기, 매일 커피 마시기 같은 일상 속 습관을 설명할 때 딱 어울리는 표현이에요.

만능문장 30 내 습관 my habit

It's my habit.
그것은 제 습관이에요.

---

habit은 무의식적으로 자주 하는 행동이나 의도적으로 만든 반복적인 습관 모두를 말할 수 있어요.
예를 들어, 식사 후에 양치하기, 공부 전에 커피 마시기, 잠들기 전에 휴대폰 확인하기 같은 행동들이 모두 habit이 될 수 있어요.

🧃 제니쌤의 한입 꿀팁

routine과 habit은 비슷하지만, 쓰이는 상황이 조금 달라요!
routine은 보통 하루 안에서 정해진 순서대로 하는 일을 말해요. 예를 들어, 아침에 일어나서 세수하고, 커피 마시고, 출근하는 일상적인 흐름이 routine이에요.
반면에 habit은 그런 흐름 속에서 내가 자주 반복하는 행동 자체를 말해요. 무조건 이어폰을 끼고 공부하기, 항상 식사 후 곧바로 양치하기와 같은 행동들은 habit이죠.
간단히 말해, routine은 하루의 전체 흐름이고, habit은 그 안에서 반복되는 습관이에요.

● 만능문장 31 좋아하다 like it

I really liked it!
저는 그것이 정말 좋았어요!

경험이나 활동, 장소에 대해 좋았던 감정을 짧고 확실하게 표현할 때 쓸 수 있는 만능문장이에요. liked(좋았다)가 과거형이지만, 그때 느꼈던 감정을 지금도 좋게 기억하고 있을 때 자주 써요.
예를 들어, 여행지에서 본 멋진 풍경, 인상 깊게 관람한 공연처럼 '그때 정말 좋았어요!'라고 말하고 싶을 때 쓸 수 있어요.
또, 앞에 really를 붙이면 좋았던 감정을 더 강조할 수 있어요.

● 만능문장 32 훌륭하다 be great

It was great!
그것은 훌륭했어요!

경험이나 장소, 활동이 전반적으로 만족스러웠다는 느낌을 줄 때 써요. 간단한 표현이지만, 긍정적인 감정을 담아 마무리하고 싶을 때 효과적으로 쓸 수 있어요.
특히 여행이 기대 이상으로 좋았을 때, 공연이나 활동이 정말 만족스러웠을 때 이 만능문장을 활용하면 느낌을 정리해서 말할 수 있어요.

만능문장 33 근사하다 be awesome

It was awesome!
그것은 근사했어요!

이 만능문장도 감정을 표현할 때 아주 잘 쓰이는 문장이에요. 좋았던 경험이나 인상 깊었던 활동을 짧고 강하게 표현할 수 있죠.

awesome은 great보다 더 감정적이고 캐주얼한 느낌이 있어요. 조금 더 친근한 말투, 신나는 분위기에서 자주 쓰인답니다.

비슷한 말로는 amazing(놀라울 만한)과 fantastic(환상적인)이 있어요.

입에 착붙 만능 VOCA

routine 일상, 루틴   habit 습관   really 정말로   awesome 근사한, 경이로운

스피킹 SOS

 과거 경험 표현, 한 번에 정리해 볼게요!

과거에 했던 활동이나 경험이 정말 좋았다고 말하고 싶을 때,
다음과 같은 표현들을 활용할 수 있어요.

- I really liked it. 저는 그것이 정말 좋았어요.
→ 감정을 담은 기본 표현이에요. 과거 경험에 관한 긍정적인 감정을 전할 때 사용할 수 있는 가장 기본적인 표현이에요.

- It was great. 그것은 훌륭했어요.
➡ 전반적으로 매우 만족스러웠다는 뜻이에요.
   경험 전체가 인상 깊고 훌륭했다는 느낌을 줄 수 있어요.

- It was awesome. 그것은 근사했어요.
➡ 더 강한 감탄이 담긴 표현이에요.
   열정적이고 캐주얼한 분위기에서 자주 쓰여요.

이런 문장들은 짧지만 내 경험에 대한 감정을 확실하게 전달할 수 있어서, 마무리 문장으로 효과적이에요.

Tell me about a restaurant or café you recently visited. What did you like about it?
최근에 방문한 식당이나 카페에 대해 말해주세요. 무엇이 좋았나요?

I went to a small Italian restaurant last weekend.
저는 지난 주말에 작은 이탈리안 레스토랑에 갔어요.

I really **liked it** because the food was delicious and the staff was
파트3 만능문장 31
very kind.
음식이 맛있었고 직원들도 아주 친절해서 정말 좋았어요.

감정 표현을 할 때 '좋았어요'로 끝내지 말고, 왜 좋았는지를 덧붙이면 더 좋아요.
I really liked it에 because를 붙이면 '감정 + 이유'를 한 문장에 담을 수 있어요.

It made me happy and gave me **a great experience**.
파트3 만능문장 22
그것은 저를 행복하게 해줬고, 좋은 경험을 할 수 있었어요.

만능테마 09 | 선택의 이유

제니쌤의 말하기 출발선

토익스피킹에서는 여러 가지 선택지 중에 하나를 선택한 후, 그 이유를 설명하라는 문제가 자주 출제돼요. 이럴 때 cheaper(더 저렴한), faster(더 빠른), more convenient(더 편리한), more useful(더 유용한) 같은 단어를 활용하면 간단하면서도 설득력 있는 답변을 만들 수 있어요.

- It's cheaper. 그것이 더 싸요.
- It's more convenient. 그것이 더 편리해요.

이런 표현은 단순해 보이지만, 내 경험이나 의견을 자연스럽게 뒷받침해 주는 역할을 해요. 내 선택의 이유를 설명할 때 바로 꺼내 쓸 수 있는 만능문장들을 지금부터 익혀볼게요!

 MP3 CH01_T09

만능문장 34 더 싸고 더 빠른 cheaper and faster

It's cheaper and faster.

그것은 더 싸고 더 빨라요.

비교급 형태는 내가 선택한 대상을 다른 선택지들과 비교하여 장점을 설명할 때 활용하면 좋아요.
cheaper는 cheap(저렴한)의 비교급으로, '더 저렴한'이라는 의미를 가져요.
faster는 fast(빠른)의 비교급으로, '더 빠른'이라는 의미를 가져요.
비교급 단어 두 개를 and로 연결해서 '비교급 + and + 비교급' 구조를 쓰면 두 가지 장점을 한 문장에 깔끔하게 넣을 수 있어요.

만능문장 35 · 편리하고 유용한 convenient and useful

It's very convenient and useful.

그것은 매우 편리하고 유용해요.

이 만능문장은 어떤 대상의 좋은 점을 두 가지 이상 말할 때 정말 유용해요! 좋은 점이 두 가지 이상 있을 때 '형용사 + and + 형용사' 형태로 쓰면, 길게 설명하지 않아도 장점을 한 번에 말할 수 있어요.

ex This class is fun and helpful. 이 수업은 재미있고 도움이 돼요.

만능문장 36 · ~에게 도움이 되다 be helpful to

It's very helpful to me.

그것은 저에게 매우 도움이 돼요.

'be helpful to +사람'은 '누구에게 도움이 된다'는 뜻이에요. 서비스, 애플리케이션, 수업, 자료 같은 유용한 대상의 장점을 말할 때 이 만능문장을 쓸 수 있어요.

ex The app is helpful to students. 그 애플리케이션은 학생들에게 도움이 돼요.

만능문장 37 — 내가 가장 좋아하는 일 my favorite thing

It's **my favorite thing** to do.

그것은 제가 가장 좋아하는 일이에요.

이 만능문장은 내 선택의 이유를 '내가 좋아해서'라고 포괄적으로 답하고 싶을 때 유용하게 쓸 수 있는 표현이에요.
'왜 그걸 골랐어요?'라는 질문에 '그건 제가 가장 좋아하는 일이에요!' 라고 말하면, 복잡한 설명 없이도 설득력 있게 들리죠.
특히 활동, 장소, 음식, 취미 등 여러 가지 상황에서 쓸 수 있어서 활용도가 높아요.

ex I often go hiking on weekends. It's my favorite thing to do.
저는 주말마다 등산을 자주 가요. 그것은 제가 가장 좋아하는 일이에요.

만능문장 38 — 나를 행복하게 하다 make me happy

It makes me happy,
so I can forget about my worries.

그것은 저를 행복하게 해줘서, 저는 걱정을 잊을 수 있어요.

감정 중심의 이유를 조금 더 구체적으로 표현할 수 있는 아주 유용한 만능문장이에요.
무언가를 좋아하거나 선호하는 이유를 말할 때, 단순히 좋다고 하기보다 '그것 덕분에 행복해지고, 걱정을 잊을 수 있어요.' 처럼 감정까지 함께 표현하면 훨씬 더 공감가는 답변이 되죠.

 **입에 착붙 만능 VOCA**

convenient 편리한

 스피킹 SOS

'**도움이 된다**'고 말하고 싶을 때, helpful / useful / beneficial?

세 단어 모두 '도움이 되는'이라는 뜻이지만, 쓰이는 대상과 상황에 따라 뉘앙스가 달라져요.

표현	쓰임	예문
helpful 도움이 되는	직접적인 도움 ➡ 사람, 조언, 행동	This app is helpful to me. 이 애플리케이션은 저에게 유용해요.
useful 쓸모 있는	실제로 쓸모 있음 ➡ 도구, 정보, 기술	Group study is useful for presentations. 조별 공부는 발표에 도움이 돼요.
beneficial 이로운	장기적으로 이로운 효과 ➡ 건강, 제도, 환경	Exercise is beneficial for your health. 운동은 건강에 이로워요.

CHAPTER 01 만능테마

 **실전 리허설** MP3 CH01_T09_AR

질문

What music application do you use? What are some advantages of it compared to other music applications?
어떤 음악 애플리케이션을 사용하시나요? 다른 음악 애플리케이션과 비교했을 때, 어떤 장점이 있나요?

답변

 30초 답변

I use the ABC music app.
저는 ABC 음악 애플리케이션을 사용해요.

First, it's **cheaper and faster** compared to other music applications.
　　　　　파트3 만능문장 34
첫째, 다른 음악 애플리케이션과 비교했을 때 더 저렴하고 더 빨라요.

> **제니쌤의 한입 꿀팁**
>
> compared to(~와 비교했을 때)는 비교를 요구하는 질문에 대한 답변으로 쓸 수 있는 표현이에요.
>
> **ex** Compared to other stores, it's cheaper and more convenient.
> 　　　다른 가게들과 비교했을 때, 그곳은 더 저렴하고 더 편리해요.

Also, it's very **convenient and useful**.
　　　　　　　　파트3 만능문장 35
또한, 그것은 매우 편리하고 유용해요.

Since I love music, this app **is** very **helpful to** me.
　　　　　　　　　　　　　　파트3 만능문장 36
저는 음악을 정말 좋아하기 때문에, 이 애플리케이션은 저에게 매우 도움이 돼요.

제니쌤의 한입 꿀팁

since는 '~이후로' 뿐 아니라 '~때문에'라는 뜻도 있어요.
뒤에 오는 말에 따라 뜻이 달라지니 구별해서 익혀두면 좋아요.

ex Since it's cheaper, I prefer taking the bus.
  더 저렴하기 때문에, 저는 버스를 타는 걸 선호해요.

➡ 이유를 말할 때는 since 뒤에 '주어 + 동사'가 나와요.

I have lived here since 2020. 저는 2020년 이후로 이곳에 살고 있어요.

➡ 시간을 의미할 때는 since 뒤에 숫자나 연도, 특정 시점이 와요.

만능테마 10 | 혼자 vs 같이

제니쌤의 말하기 출발선

토익스피킹에서는 어떤 활동을 할 때 혼자 할지, 함께 할지를 고르는 문제가 자주 출제돼요.
- 혼자 공부하는 것 vs 그룹 스터디
- 혼자 일하는 것 vs 팀으로 일하는 것

이렇게 개인 활동과 단체 활동 중 하나를 선택하고, 그 이유까지 답할 수 있어야 해요.
이럴 때는 '집중이 잘 된다, 편하다, 시간 절약이 된다'는 이유로 혼자 하는 걸 선택할 수도 있고, '더 재미있다, 새로운 친구를 사귈 수 있다'는 이유로 같이 하는 걸 선택할 수도 있어요.
이번에는 그런 문제에 유용하게 꺼내 쓸 수 있는 만능문장들을 모아볼게요.
내가 좋아하는 방식과 이유 한두 가지만 잘 말해도, 자연스럽고 설득력 있는 답변을 완성할 수 있답니다!

만능문장 보석함  MP3 CH01_T10

만능문장 39

재미있고 즐거움을 주다
be fun and entertaining

It's more fun and entertaining, so I don't get bored.
그것은 더 재미있고 즐거움을 줘서 저는 지루해지지 않아요.

이 만능문장은 '혼자보다 함께 하는 게 낫다'라고 답할 때 유용해요. 같이 하는 활동의 장점, 즉 '함께 해서 더 재미있고 그래서 지루하지 않다'라고 설명할 때 사용할 수 있어요.

● 만능문장 **40**   여럿이 함께 하다 do things in a group

I think it's more fun to **do things in a group**.

저는 여럿이 함께 하는 것이 더 재미있다고 생각해요.

이 문장 역시 같이 하는 쪽을 선택한 이유로 꺼내 쓸 수 있는 만능문장이에요.
in a group은 '그룹으로', '다른 사람들과 함께'라는 뜻이에요. I think it's more fun to ~.(~ 하는 것이 더 재미있다고 생각해요.)라는 구조로 시작하면, 내 의견을 자연스럽게 강조할 수 있어요.

● 만능문장 **41**   새로운 사람들을 만나다 meet new people

I can **meet new people** and make friends.

저는 새로운 사람들을 만날 수 있고 친구들을 사귈 수 있어요.

같이 활동하면 '사람들과 어울릴 기회가 생긴다', '인맥을 넓힐 수 있다'는 장점을 강조하고 싶을 때 쓸 수 있는 만능문장이에요.

만능문장 42   더 편안함을 느끼다 feel more comfortable

I feel more comfortable and I can focus better.
저는 더 편안함을 느끼고 더 잘 집중할 수 있어요.

이 만능문장은 혼자 있는 게 더 좋다는 입장을 말할 때 아주 유용해요.
특히 공부, 일, 운동, 휴식 등 집중이 필요한 상황에서 혼자가 더 낫다는 이유를 자연스럽게 설명할 수 있죠.

> **ex** I usually study alone. I feel more comfortable and I can focus better. 저는 보통 혼자 공부해요. 저는 더 편안함을 느끼고 더 잘 집중할 수 있어요.

만능문장 43   다른 사람들을 기다리느라 시간을 낭비하다 waste time waiting for others

I don't have to waste time waiting for others.
저는 다른 사람들을 기다리느라 시간을 낭비할 필요가 없어요.

함께 활동하면 일정 맞추기, 늦는 사람 기다리기 등으로 불필요한 시간이 생기기도 해요. 이 만능문장은 그런 비효율성에 대한 불만과 혼자하는 활동의 장점을 동시에 전달할 수 있어요.

> **ex** I like shopping alone. I don't have to waste time waiting for others. 저는 혼자 쇼핑하는 걸 좋아해요. 다른 사람들을 기다리느라 시간을 낭비할 필요가 없어요.

● 만능문장 **44**　　집에서 **at home**

I feel more comfortable **at home**.
저는 집에서 더 편안함을 느껴요.

토익스피킹에서는 혼자 할지, 같이 할지를 묻는 질문 이외에도 온라인 활동, 재택근무 등에 대해 묻는 질문도 종종 등장해요. 이런 질문에 집이 더 편안하다는 입장을 말할 때 이 만능문장을 쓸 수 있어요. at home(집에서)을 붙이면 집이라는 공간이 주는 심리적 안정감을 강조할 수 있어요.

- 온라인 수업 vs 대면 수업
  I prefer online classes. I feel more comfortable at home.
  저는 온라인 수업이 더 좋아요. 집에서 더 편안함을 느껴요.
- 집에서 일하기 vs 출근하기
  I enjoy working from home. I feel more comfortable at home.
  저는 재택근무가 더 좋아요. 집에서 더 편안함을 느껴요.

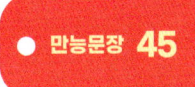 외출하느라 시간을 낭비하다
waste time going out

I can save time
because I don't have to **waste time going out**.
외출하느라 시간을 낭비할 필요가 없기 때문에 저는 시간을 절약할 수 있어요.

집에서 수업 듣기, 재택근무, 집에서 운동하기처럼 외출하지 않아도 되어서 시간을 아낄 수 있는 선택지를 고를 때 설득력 있게 활용할 수 있는 만능문장이에요.

입에 착붙 만능 VOCA

fun 재미있는 entertaining 즐거움을 주는, 흥미로운 in a group 여럿이 함께, 그룹으로 meet 만나다 make friends 친구들을 사귀다 comfortable 편안한 focus 집중하다 waste time 시간을 낭비하다 wait for ~을 기다리다 at home 집에서 go out 외출하다

 스피킹 SOS

쉬운 문장만 써도 점수가 잘 나올 수 있나요?

그럼요! 질문에 답하기 유형에서는 오히려 그게 더 좋아요. 이 유형은 15초 또는 30초 안에 말해야 하는 파트예요. 짧은 시간에 어려운 문장을 만들려다 보면, 실수하거나 말이 꼬이기 쉬워요. 그래서 중요한 건 짧고 간단한 만능문장들을 질문에 맞게 꺼내어 나만의 답변으로 완성하는 것이에요.

- **I feel more comfortable.** 저는 더 편안함을 느껴요.
- **It's more fun and entertaining.** 그것은 더 재미있고 즐거워요.
- **I don't have to waste time ~.**
  저는 ~하느라 시간을 낭비할 필요가 없어요.

이런 쉬운 문장도 아주 설득력 있는 답변이 돼요. 괜히 복잡하게 말하려다가 감점 당하지 말고, 쉬운 문장들로 정확도와 완성도를 높이는 것이 고득점으로 향하는 길이라는 점 잊지 마세요!

실전 리허설 MP3 CH01_T10_AR

질문

What are some advantages of taking group exercise classes rather than exercising alone?
혼자 운동하는 것보다 단체 운동 수업을 듣는 것의 장점은 무엇인가요?

답변

 30초 답변

I think taking group classes is better because I can **meet new people** and make friends. 파트3 만능문장 41
저는 새로운 사람들을 만나고 친구들을 사귈 수 있기 때문에 단체 수업을 듣는 것이 더 낫다고 생각해요.

The other day, I joined a yoga class.
얼마 전에 저는 요가 수업에 참여했어요.

I really **liked it**. 저는 그것이 정말 좋았어요.
파트3 만능문장 31

It **was awesome**. 그것은 근사했어요.
파트3 만능문장 33

>  제니쌤의 한입 꿀팁
>
> 시험장에서 하나의 이유밖에 떠오르지 않을 때는 며칠 전 경험을 말하면서 자연스럽게 시간을 채워요!
>
> - 좋은 경험이었다면,
> ➡ The other day, I + 과거동사. I really liked it. It was awesome.
>   **ex** The other day, I took a group yoga class. I really liked it. It was awesome. 며칠 전에 단체 요가 수업을 들었어요. 정말 좋았어요. 근사했어요.
> - 별로인 경험이었다면,
> ➡ The other day, I + 과거동사. I didn't like it. It was bad.
>   **ex** The other day, I exercised alone. I didn't like it. It was bad.
>   며칠 전에 혼자 운동했어요. 마음에 들지 않았어요. 별로였어요.
>
> 이유가 하나밖에 떠오르지 않을 때는, 특별한 경험이 아니어도 '나의 과거 경험 + 나의 감정/평가'의 조합으로 말하면 좋은 답변이 돼요.

만능테마 11 | 소통의 방식

제니쌤의 말하기 출발선

사람들과 소통하는 방식에는 여러 가지가 있어요. 직접 만나서 대화하기도 하고, 메시지나 이메일처럼 온라인에서 소통하기도 하죠. 토익스피킹에서는 이러한 소통 방식에 관한 질문들이 자주 출제돼요.
- 대면 소통과 비대면 소통 중 어떤 방식을 선호하나요?
- 직접 만나서 회의하는 것과 온라인 회의 중 뭐가 더 효과적이라고 생각하나요?

이럴 때는 직접 만나면 오해가 줄고(cause less misunderstanding) 관계가 더 가까워진다(build a closer relationship)는 식으로 내가 선택한 소통 방식의 장점을 이야기하면 자연스럽고 명확한 답변이 돼요.
이제 이런 질문에 쓸 수 있는 만능문장들을 살펴볼까요?

 만능문장 보석함   MP3 CH01_T11

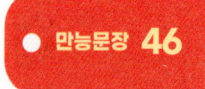 더 밀접한 관계를 쌓다
build a closer relationship

It's more personal and **builds a closer relationship**.
그것은 더 개인적이고 더 밀접한 관계를 쌓을 수 있어요.

이 만능문장은 직접 만나서 소통하는 것의 장점을 말할 때 유용하게 쓸 수 있어요.
특히 다음과 같은 질문의 답변으로 말할 수 있어요.

ex Do you prefer meeting face-to-face or communicating online?
대면으로 만나는 것을 선호하나요, 아니면 온라인으로 소통하는 것을 선호하나요?

Is it better to have in-person meetings at work?
직장에서 대면 회의를 하는 것이 더 낫다고 생각하나요?

만능문장 47 — 오해를 덜 불러일으키다
cause less misunderstanding

It causes less misunderstanding.

그것은 오해를 덜 불러일으켜요.

이 문장 역시, 대면 소통의 장점을 간단하면서도 분명하게 표현할 수 있는 만능문장이에요. 비대면 소통에 비해서, 대면 소통이 오해를 덜 불러일으키고 정확하게 소통할 수 있다는 점을 강조할 수 있어요.

입에 착붙 만능 VOCA

personal 개인적인 build 쌓다, 형성하다 closer 더 가까운 relationship 관계
prefer 선호하다 face-to-face 대면으로, 대면의 communicate 소통하다
online 온라인으로, 온라인의 better 더 나은 in-person 대면의, 직접의 meeting 회의
cause 불러일으키다, 유발하다 misunderstanding 오해

스피킹 SOS

대면 소통과 **비대면 소통** 관련 표현, 헷갈리지 않게 정리해 주세요!

대면 소통과 비대면 소통의 종류와 활동에 따라 다양한 표현들이 있어요. 이런 표현들을 익혀 두면 풍성한 답변들을 만들 수 있어요.

구분	표현	예문
대면 소통	meet face-to-face 직접 만나다	I like to meet my friends face-to-face. 저는 친구들을 직접 만나는 것을 좋아해요.
	attend an in-person meeting 대면 회의에 참석하다	I attended an in-person meeting yesterday. 저는 어제 대면 회의에 참석했어요.
비대면 소통	communicate with ~와 온라인으로 소통하다	I often communicate with my coworkers online. 저는 동료들과 온라인으로 자주 소통해요.
	attend an online meeting 온라인 회의에 참석하다	I attend online meetings every week. 저는 매주 온라인 회의에 참석해요.
	take online classes 온라인 수업을 듣다	I like to take online classes. 저는 온라인 수업을 듣는 것을 좋아해요.

When you send a work-related message, do you prefer calling or emailing?
업무 관련 메시지를 보낼 때, 전화하는 것을 선호하나요 아니면 이메일을 보내는 것을 선호하나요?

I prefer calling when I send a work-related message.
저는 업무 관련 메시지를 보낼 때, 전화하는 것을 선호해요.

> **제니쌤의 한입 꿀팁**
>
> 질문 속에 등장한 When you send a work-related message(업무 관련 메시지를 보낼 때)라는 표현을 그대로 답변 문장에 붙이면 훨씬 말하기 쉬워져요.
> I prefer calling when I send a work-related message.로 매끄러운 문장을 손쉽게 만들 수 있어요.

First, it's more personal and **builds a closer relationship**.
파트3 만능문장 46
첫째로, 전화는 더 개인적이고, 더 밀접한 관계를 쌓을 수 있어요.

Also, it **causes less misunderstanding**.
파트3 만능문장 47
또한, 오해를 덜 불러일으켜요.

So, I think calling is better for work communication.
그래서 저는 업무 소통에 전화가 더 낫다고 생각해요.

> **제니쌤의 한입 꿀팁**
>
> 결론은 생략해도 괜찮아요.
> 시험장에서 시간이 부족하다면 이유만 말해도 괜찮아요. 흐름만 자연스러우면 결론 문장 없이도 완성도 있는 답변이 될 수 있어요.

의문사 만능공식

의문사를 보면 답이 보여요!

Part3 질문에 답하기 유형에서는 '누구와 하나요?(Who)', '어디서 하나요?(Where)', '언제 하나요?(When)'처럼 의문사로 시작하는 질문이 자주 나와요. 이런 질문에 대한 답변은 일정한 공식이 있기 때문에, 의문사 만능공식만 익혀두면 말하기가 훨씬 쉬워져요.

- Who로 시작하면 ➡ with + 사람
- Where로 시작하면 ➡ 전치사 + 장소

이렇게 정해진 구조를 익혀두면 답변하기가 쉬워져요.
그럼, 이제부터 의문사 만능공식을 하나씩 배워볼까요?

01 Who: 누구와 ~?

핵심 개념

Who로 시작하는 '누구와 ~?'라는 질문에 'with + 사람'으로 답할 수 있어요.
'누구와 함께 무언가를 한다'는 뜻을 간단하게 표현하는 기본 패턴이에요.

패턴 Q&A

Q. **Who** do you usually go with when you go to a café?
카페에 갈 때 주로 누구와 함께 가나요?

A. I usually go **with my friend(s)** when I go to a café.
저는 카페에 갈 때 주로 친구(들)와 함께 가요.

확장 표현

- with my family 가족과 함께
- with my coworkers 직장 동료들과 함께
- with my classmates 같은 반 친구들과 함께
- with my best friend 가장 친한 친구와 함께

🍊 제니쌤의 한입 꿀팁

의문사로 시작하는 질문에 대한 답변을 할 때는, 질문의 주어 you를 I로 바꾸고 핵심 표현을 그대로 활용하면 답변이 완성돼요.

예를 들어, Who do you usually go with?(보통 누구와 함께 가나요?)라는 질문에 대한 답변을 만들려면,

➡ 주어 you를 I로 바꾸고, 핵심 표현 usually go with를 그대로 살려
➡ 'I usually go with + 사람' 형태로 말하면 자연스럽고 정확한 답이 돼요.

02 Where: 어디서 ~?

📦 핵심 개념

Where로 시작하는 질문에는 '전치사(at/on/in)+장소'를 활용해 답변해요. 특히 장소에 따라 전치사를 다르게 써야 자연스럽게 들려요.

- at: 특정 지점(집, 학교 등)을 말할 때
- on: 표면 위나 교통수단(지하철, 버스 등)을 말할 때
- in: 어떤 공간 안에 있는 상황을 말할 때

💬 패턴 Q&A

Q. Where do you usually play mobile games?
　어디에서 주로 모바일 게임을 하나요?

A. I usually play mobile games **at home**.
　저는 주로 집에서 모바일 게임을 해요.

Q. Where do you usually buy clothes?
　어디에서 주로 옷을 사나요?

A. I usually buy clothes **on the internet**.
　저는 주로 인터넷에서 옷을 사요.

➕ 확장 표현

- at home 집에서
- at school 학교에서
- at work 직장에서
- on the bus 버스에서
- on the subway 지하철에서
- on the internet 인터넷에서
- in a café 카페 안에서
- in the library 도서관 안에서

> **제니쌤의 한입 꿀팁**
>
> on the internet은 예외처럼 보일 수 있지만, 인터넷을 정보 공간 위에서 활동하는 것으로 인식해서 on을 사용해요.

03 When: 언제 ~?

> **핵심 개념**

When으로 시작하는 질문은 '전치사 + 시간 표현'으로 답할 수 있어요.
시간, 요일, 계절, 특정 시점 등 상황에 맞게 골라 쓰면 되고, 시간 표현에 따라 전치사도 달라지니 함께 익혀두세요.

- in + 계절, 월, 시간대
- on + 요일, 날짜
- at + 시각, 특정 시점

> **패턴 Q&A**

Q. **When** do you usually visit museums?
　보통 언제 박물관에 가나요?

A. I usually visit museums **when I have spare time**.
　저는 주로 시간이 날 때 박물관을 방문해요.

Q. **When** was the last time you went to a park?
　마지막으로 공원에 간 게 언제였어요?

A. The last time I went to a park was **two weeks ago**.
　마지막으로 공원에 간 게 2주 전이에요.

Q. **When** do you usually go to the movies?
　보통 언제 영화 보러 가세요?

A. I usually go to the movies **in the morning** because it's less crowded.
　저는 아침에 사람이 덜 붐비기 때문에 주로 아침에 영화를 보러 가요.

Q. **What time of the year** do you read books the most?
　일 년 중에 언제 책을 가장 많이 읽으세요?

A. I read books the most **in the winter**.
　겨울에 책을 가장 많이 읽어요.

 **확장 표현**

- when I have spare/free time 여유/자유 시간이 있을 때
- on weekends 주말마다
- in the spring/summer/fall/winter 봄/여름/가을/겨울에
- during holidays 휴일 동안
- at night 밤에
- after work 퇴근 후에
- in the morning/evening 아침/저녁에
- the last time I + 과거 동사 마지막으로 ~했던 때

04 How: 얼마나 ~?

 **핵심 개념**

How로 시작하는 질문은 빈도, 시간, 거리, 금액 등을 물을 때 쓰여요.
상황에 따라 답변 패턴이 달라지므로, 무엇을 묻는지 먼저 파악하고 그에 맞는 표현을 선택하는 게 중요해요.

질문 유형	답변 패턴
How often ~? 얼마나 자주 ~?	twice a week 일주일에 두 번, every day 매일…
How long ~? 얼마나 오래 ~?	for 3 years 3년 동안, since 2020 2020년 이후로…
How far ~? 얼마나 멀리 ~?	10 minutes away 10분 거리에
How much ~? 얼마예요?	about 20 dollars 대략 20달러…

패턴 Q&A

Q. How often do you watch TV shows?
TV 프로그램을 얼마나 자주 보나요?

A. I watch TV shows twice a week.
저는 일주일에 두 번 TV 프로그램을 봐요.

Q. How long have you lived in your neighborhood?
지금 사는 동네에서 얼마나 오래 살았나요?

A. I have lived here for three years.
저는 여기서 3년 동안 살고 있어요.

Q. **How much** do you usually spend at a restaurant?
식당에서 보통 얼마를 쓰나요?

A. I usually spend **about 20 dollars**.
보통 식당에서 20달러 정도 써요.

Q. **How far** is the station from your house?
집에서 역까지 얼마나 멀어요?

A. The station is **about 5 minutes away by car**.
역은 차로 약 5분 거리에 있어요.

Q. **How do you** usually **get to** school?
학교에는 보통 어떻게 가나요?

A. I usually get to school **by bus**.
저는 보통 버스를 타고 학교에 가요.

 **확장 표현**

구분	표현
빈도	twice a week 일주일에 두 번
	almost every day 거의 매일
	once in a while 가끔
시간/기간	for 3 years 3년 동안
	every day 매일
	on weekends 주말마다
거리	10 minutes away 10분 거리에
금액	about 10 dollars 약 10달러
교통 수단	by car 자동차로
	by bus 버스로
	by subway 지하철로
	on foot 도보로

05 What: 무엇을 ~?

 **핵심 개념**

What으로 시작하는 질문은 '무엇을 좋아하나요?', '무엇을 주로 ~하나요?'처럼 구체적인 대상이나 종류를 묻는 질문이에요.

그래서 질문도 What kind/type/genre of처럼 종류를 물어보는 형태로 자주 등장해요. 이런 질문에는 보통 I like ~ the most.(저는 ~를 가장 좋아해요) 같은 구조로 내 취향이나 습관을 말하면 자연스러워요.

패턴 Q&A

Q. **What kind of** music do you like the most?
   어떤 종류의 음악을 가장 좋아하나요?
A. **I like K-pop the most.** 저는 케이팝을 가장 좋아해요.

Q. **What type of** food do you usually eat at home?
   집에서 보통 어떤 종류의 음식을 먹나요?
A. **I usually eat Korean food at home.**
   저는 보통 집에서 한식을 먹어요.

Q. **What genre of** movie do you enjoy watching?
   어떤 장르의 영화를 즐겨 보나요?
A. **I enjoy watching action movies.**
   저는 액션 영화를 즐겨 봐요.

 확장 표현

What kind of으로 시작하는 질문은 음식, 음악, 영화 중 어떤 분야를 묻는지에 따라 답변도 달라져요.

- What kind of food ~? 어떤 종류의 음식 ~?
  ➡ spicy food 매운 음식, Korean food 한국 음식 …
- What kind of music ~? 어떤 종류의 음악 ~?
  ➡ K-pop 케이팝, classical music 클래식 음악…
- What kind of movies ~? 어떤 종류의 영화 ~?
  ➡ action movies 액션 영화, romantic comedies 로맨틱 코미디 영화…

06 Have you ever: ~해 본 적 있나요?

핵심 개념

Have you ever~?로 시작하는 질문은 의문사로 시작하지는 않지만, 질문에 답하기 유형에서 자주 등장하는 형태예요. 이 질문은 과거부터 지금까지 살아오면서 무엇을 해 본 경험이 있는지를 묻는 거라서, 현재완료(have + p.p.) 구조를 써서 대답해요.

- Yes, I have + p.p. 네, ~해 본 적 있어요.
- No, I haven't + p.p. 아니요, ~해 본 적 없어요.

패턴 Q&A

Q. Have you ever used a photo-editing app?
사진 편집 애플리케이션을 써본 적 있나요?

A. Yes, I have used photo-editing software to improve my pictures.
네, 사진을 보정하기 위해 사진 편집 프로그램을 써본 적 있어요.

Q. Have you ever traveled abroad?
해외여행을 해 본 적 있나요?

A. No, I haven't traveled abroad yet.
아니요, 아직 해외여행을 해 본 적이 없어요.

VOCA abroad 해외로 yet (부정문·의문문에서) 아직

CHAPTER 01

의문사 만능공식

핵심 VOCA 보물창고

만능테마 01

- ☐ relieve — 완화하다, 덜어주다
- ☐ stressed out — 스트레스를 많이 받은, 압박을 느끼는
- ☐ save — 절약하다, 저장하다
- ☐ cheaper — 더 저렴한
- ☐ reasonable — 합리적인, 적당한
- ☐ faster — 더 빠른

만능테마 02

- ☐ useful — 유용한
- ☐ information — 정보
- ☐ reliable — 믿을 수 있는
- ☐ trustworthy — 신뢰할 만한
- ☐ anytime — 언제든지
- ☐ anywhere — 어디서나
- ☐ following — 다음의, 이후의
- ☐ source — 출처
- ☐ assignment — 과제, 임무, 숙제
- ☐ project — 프로젝트, 과제, 연구
- ☐ up-to-date — 최신의

만능테마 03

- ☐ facilities — 시설
- ☐ well-liked — 인기 있는, 좋아하는
- ☐ outdated — 시대에 뒤떨어진, 구식의

만능테마 04

- ☐ budget — 예산
- ☐ tight — 빠듯한
- ☐ afford — 여유가 있다, 감당할 수 있다
- ☐ expensive — 비싼

만능테마 05

- ☐ busy — 바쁜
- ☐ schoolwork — 학업

만능테마 06

- ☐ necessary — 필요한
- ☐ frequently — 자주, 빈번하게

만능테마 07

- ☐ experience — 경험
- ☐ pleasant — 즐거운

☐ popular	인기 있는
☐ sentimental	정서적인, 감상적인

만능테마 08

☐ routine	일상, 루틴
☐ habit	습관
☐ really	정말로
☐ awesome	근사한, 경이로운

만능테마 09

☐ convenient	편리한

만능테마 10

☐ fun	재미있는
☐ entertaining	즐거움을 주는, 흥미로운
☐ in a group	여럿이 함께, 그룹으로
☐ meet	만나다
☐ make friends	친구들을 사귀다
☐ comfortable	편안한
☐ focus	집중하다
☐ waste time	시간을 낭비하다
☐ wait for	~을 기다리다
☐ at home	집에서
☐ go out	외출하다

만능테마 11

☐ personal	개인적인
☐ build	쌓다, 형성하다
☐ closer	더 가까운
☐ relationship	관계
☐ prefer	선호하다
☐ face-to-face	대면으로, 대면의
☐ communicate	소통하다
☐ online	온라인으로, 온라인의
☐ better	더 나은
☐ in-person	대면의, 직접의
☐ meeting	회의
☐ cause	불러일으키다, 유발하다
☐ misunderstanding	오해

의문사 만능공식

☐ abroad	해외로
☐ yet	(부정문 · 의문문에서) 아직

# CHAPTER 02

의견 말하기

Part 5

말하기 베이스캠프

제니쌤의 해설 강의 보러 가기

Part5 의견 말하기 유형은 질문에 대해 내 의견을 말하고, 그 이유를 설명해야 하는 유형이에요. 찬성인지 반대인지, A가 나은지 B가 나은지 내 입장을 먼저 정한 다음, 그렇게 생각하는 이유와 예시를 덧붙여서 말해야 해요.

답변 구조도 정리해야 하고 만능문장도 떠올려야 하기 때문에, 처음엔 조금 부담스럽게 느껴질 수 있어요. 하지만 '내 입장 말하기 ➡ 이유 제시 ➡ 예시 설명 ➡ 마무리'의 기본적인 답변 흐름만 익혀두면, 쉽게 풀어나갈 수 있어요.

📷 문제 유형 스냅샷

의견 말하기 유형에서는 어떤 상황이나 주제에 대한 내 생각을 묻는 질문이 나와요.
보통 다음과 같은 형식으로 출제돼요.

- 찬성하나요? 반대하나요? ➡ Do you agree or disagree ~?
- ~의 장점/단점은 무엇인가요? ➡ What are the advantages/disadvantages of ~?
- A와 B중 무엇을 더 선호하나요? ➡ Which do you prefer A or B?
- ~라고 생각하나요? ➡ Do you think S + V ~?
- ~에 대한 당신의 의견은 무엇인가요? ➡ What is your opinion on ~?

질문을 들은 뒤에는 45초의 준비 시간과 60초의 말하기 시간이 주어져요.
내 입장을 분명히 말하고, 이유와 예시를 들어 설득력 있게 답변하는 것이 중요해요.
그래서 답변 아이디어를 정리하고, 만능문장을 활용해 자연스럽게 말하는 연습이 꼭 필요해요!

시간 잡는 시계토끼 만능스킬

01 내 입장을 먼저 정확하게 말해요

질문을 들은 후, 나는 어떤 입장인지 분명하게 말해야 해요.
내 입장 없이 이유부터 말하거나, 찬성과 반대를 섞어 말하면 듣는 사람이 내가 무슨 말을 하려고 하는지 이해하기 어려워지겠죠?
질문에 대한 나의 입장을 확실하게 정한 다음, 왜 그렇게 생각하는지 이유를 덧붙이는 답변 흐름을 익혀두는 게 좋아요.

02 이유는 논리적으로, 순서에 따라 설명해요

이유를 말할 때는 무작정 나열하기보다 순서를 정해서 말하는 게 좋아요.
가장 쉬운 방법은 이유 문장 앞에 Most of all(무엇보다도), ~/Also(또한), ~ 같은 표현을 덧붙이는 거예요. 이렇게 말하면 듣는 사람도 이해하기 쉽고, 말하는 사람도 길을 잃지 않게 돼요.

03 외운 만능문장을 그대로 말하지 말고, 질문에 맞게 바꿔서 말해요 (동문서답 주의!)

질문과 맞지 않는 답변을 하면 동문서답처럼 들릴 수 있고, 논리적인 흐름이 끊기면서 큰 감점으로 이어질 수 있어요.
특히 Part5 의견 말하기 유형에서는 질문의 주제나 방향이 다양하기 때문에, 암기한 만능문장을 그대로 말하는 것보다 질문에 맞게 말했는지가 중요해요. 그래서 단순히 외우는 것에 그치지 말고, 질문에 맞게 변형하는 연습도 꼭 필요해요.

04 또박또박, 명료하게 말해요

아무리 내용이 좋아도 말이 또렷하지 않으면 듣는 사람이 이해하지 못할 수 있어요. 전달력 있는 말하기 연습은 이렇게 해보세요.

- 짧은 문장을 천천히, 정확하게 말하는 연습부터 시작해요.
- 원어민 음성을 따라 말하는 쉐도잉 연습이 효과적이에요.
- 스스로 녹음해서 듣고, 발음이나 문법 실수 등을 점검해보세요.
- 단어가 아닌 문장 단위로 자연스럽게 말하는 연습이 좋아요.

그럼 Part5 의견 말하기 유형에서 어떤 질문이 나오는지, 그리고 어떻게 답변을 만들 수 있는지 함께 살펴볼까요?

템플릿과 만능문장을 잘 활용한다면, 생각보다 쉽게 답변을 완성할 수 있어요.

11번 질문과 기본 답변

Q11 Do you think it's better for a leader to be strict or friendly when managing a team?
팀을 관리할 때, 리더가 엄격한 편이 나을까요, 아니면 친근한 편이 나을까요?

Use specific reasons and examples to support your opinion.
구체적인 이유와 예시를 들어서 의견을 뒷받침하세요.

A11 I think it's better for a leader to be friendly.
저는 리더가 친근한 것이 더 낫다고 생각해요.

Let me explain why I think so.
왜 그렇게 생각하는지 설명해 볼게요.

Most of all, they can create a friendly atmosphere at work, so people feel more comfortable and relaxed.
무엇보다도, 친근한 리더는 직장에서 편안한 분위기를 만들 수 있어서, 사람들이 더 편안하고 안정감을 느낄 수 있어요.

From my experience, my leader was very kind. I really enjoyed working with the team.
제 경험을 말씀드리자면, 제 리더는 매우 친절했어요. 저는 팀과 함께 일하는 것이 정말 즐거웠어요.

It was very helpful because I was able to work more efficiently and productively.
더 효율적이고 더 생산적으로 일할 수 있어서 아주 도움이 됐어요.

Also, people can focus better if their leader is friendly, because they feel less stressed.
또한, 리더가 친근하면 사람들이 스트레스를 덜 받아서 더 집중을 잘 할 수 있어요.

According to a recent news report, the majority of workers in Korea said that having a friendly leader is very beneficial because employees can communicate with others better and solve problems more easily.

최근 뉴스 보도에 따르면, 한국의 대다수 직장인들이 친근한 리더가 있는 것이 매우 유익하다고 말했어요. 왜냐하면 직원들이 다른 사람들과 더 잘 소통하고 문제도 더 쉽게 해결할 수 있기 때문이에요.

Therefore, I think it's better for a leader to be friendly.

그래서 저는 리더가 친근한 것이 더 낫다고 생각해요.

답변 만드는 방법

STEP 1. 템플릿을 먼저 익혀요

45초의 준비 시간동안 내 입장을 명확히 정한 후, 미리 익혀둔 떠올리는 것이 중요해요. 기본 틀을 정해두면 생각을 정리하기도 쉽고, 말할 때 훨씬 자연스럽게 이어갈 수 있기 때문이에요.

아래는 의견 말하기 유형에서 자주 쓰는 템플릿이에요. 이 템플릿을 사진 찍듯이 머릿속에 넣어두면 많은 도움이 될 거예요.

구조	역할	템플릿	기억 포인트
서론	내 의견 말하기	I think that S+ V ~.	입장을 먼저 정리해요.
연결 문장	이유 시작하기	Let me explain why I think so.	본론으로 자연스럽게 넘어가요.
이유 1	첫 번째 이유	Most of all, S+V ~.	만능문장을 활용하면 좋아요.
예시 1	경험 예시	From my experience, S+V ~.	내 경험을 덧붙여요.
이유 2	두 번째 이유	Also, S+ V ~.	만능문장을 사용해 이유를 하나 더 말해요.
예시 2	보도자료 예시	According to a recent news report, the majority of 사람들 in Korea said that S+ V ~.	보도자료를 활용해 신뢰감을 더해요.
결론	마무리	Therefore, I think S+V ~.	처음 말한 입장을 다시 강조해요.

STEP 2. 템플릿에 만능문장을 채워요

템플릿을 익혔다면, 그 안에 만능문장을 채워 답변을 완성해보는 연습이 필요해요. 만능문장은 어떤 주제에도 응용할 수 있는 문장이기 때문에, 주어나 시제만 질문에 맞게 바꿔 자연스럽게 만들 수 있어요. 그럼, 각 단계에 실제로 어떤 만능문장을 넣을 수 있는지, 만능문장이 어떻게 변형되어 사용되는지 살펴볼게요!

서론

I think it's better for a leader to be friendly.
저는 리더가 친근한 것이 더 낫다고 생각해요.

✓ 서론 템플릿 I think that S+V~.에,
✓ 질문의 핵심 표현인 better for a leader to be strict or friendly에서 한 가지 (friendly)를 선택해, 답변에서는 it's better for a leader to be friendly로 변형했어요.

연결 문장

Let me explain why I think so.
제가 그렇게 생각하는 이유를 설명해 볼게요.

✓ 연결 문장을 그대로 사용하면 돼요.

이유 1

Most of all, they can **create a friendly atmosphere** at work, so people **feel more comfortable** and relaxed.
무엇보다도, 친근한 리더는 직장에서 친근한 분위기를 만들 수 있어서, 사람들이 더 편안하고 안정감을 느낄 수 있어요.

파트5 만능문장 27: They can create a friendly work atmosphere.
그들은 친근한 업무 분위기를 만들 수 있어요.

✓ 이 만능문장에서 at work를 추가해 장소를 구체화했어요.

파트3 만능문장 42: I feel more comfortable and I can focus better.
저는 더 편안함을 느끼고 더 잘 집중할 수 있어요.

✓ 주어를 people로 바꿔 일반적인 상황에 맞게 변형했고, relaxed를 덧붙여서 편안한 분위기 속에서 사람들이 더 안정감을 느낀다는 뉘앙스를 강조했어요.

⚠ 만능문장은 한 파트에만 국한되는 것이 아니라, 파트를 옮겨가며 쓸 수 있고, 특히 Part 3 질문에 답하기 유형과 Part 5 의견 말하기 유형의 만능문장은 호환성이 매우 높아요. 중요한 건 어떤 문제든 내 입장과 이유를 설명하는 데 잘 맞추어 쓰는 거예요.

**예시 1
(경험)**

From my experience, my leader was very kind. I really enjoyed working with the team. It was very helpful because I was able to work more efficiently and productively.
제 경험을 말씀드리자면, 제 리더는 매우 친절했어요. 저는 팀과 함께 일하는 게 정말 즐거웠어요. 더 효율적이고 더 생산적으로 일할 수 있어서 아주 도움이 됐어요.

파트3 만능문장 36: It's very helpful to me. 이것은 저에게 매우 유용해요
✓ to me 대신 because ~ 구조로 확장했어요.
파트5 만능문장 37: Employees can work more efficiently and productively.
직원들은 더 효율적이고 더 생산적으로 일할 수 있어요
✓ 주어를 Employees에서 I로 바꿔 개인 경험처럼 만들었어요.
✓ 현재 시제 can에서 과거 시제 was able to로 바꿔 과거 경험을 나타냈어요.

이유 2

Also, people can focus better if their leader is friendly, because they feel less stressed.
또한, 리더가 친근하면 사람들이 스트레스를 덜 받아서 더 집중을 잘할 수 있어요.

파트5 만능문장 15: They can focus better. 그들은 더 잘 집중할 수 있어요
✓ 주어를 They에서 people로 바꿔, 일반적인 상황에 맞게 변형했어요.
✓ if their leader is friendly를 붙여 조건을 만들고,
✓ because they feel less stressed를 더해 이유를 설명했어요.

**예시 2
(보도자료)**

According to a recent news report, the majority of workers in Korea said that having a friendly leader is very beneficial because employees can communicate with others better and solve problems more easily.
최근 뉴스 보도에 따르면, 한국의 대다수 직장인들이 친근한 리더가 있는 것이 매우 유익하다고 말했어요. 왜냐하면 직원들이 다른 사람들과 더 잘 소통하고 문제도 더 쉽게 해결할 수 있기 때문이에요.

예시 2 (보도자료)

파트5 만능문장 28: They can communicate with others better.
그들은 다른 사람들과 더 잘 소통할 수 있어요.
- ✔ having a friendly leader is very beneficial because ~. 구조를 사용해 내 주장이 이득이 된다고 말했어요.
- ✔ 주어를 They에서 employees로 바꿨어요.
- ✔ solve problems more easily를 추가해 소통이 문제 해결로 이어지는 논리적 흐름을 만들어 줬어요.

결론

Therefore, I think it's better for a leader to be friendly.
그래서 저는 리더가 친근한 것이 더 낫다고 생각해요.
- ✔ 서론을 반복해 마무리했어요.
- ✔ Therefore 대신에 조금 더 캐주얼한 표현으로 So를 사용할 수도 있어요.
- ✔ 시간이 없으면 생략해도 돼요.

CHAPTER 02

말하기 베이스캠프

만능테마 01 | 다양한 경험

제니쌤의 말하기 출발선

Part5 의견 말하기 유형에서 학습과 경험은 매우 자주 등장하는 핵심 테마예요.
- 대학생이 그룹 프로젝트를 해본 경험
- 10대 때 아르바이트를 해본 경험

이와 같은 활동들이 얼마나 도움이 되었는지를 묻는 문제가 자주 출제돼요.
이런 질문에는 '그 경험 덕분에 새로운 걸 배웠어요(learn new things), 그 활동 덕분에 인맥을 넓힐 수 있었어요(expand their network)' 처럼 긍정적인 효과를 중심으로 말하면 고득점 답변을 만들 수 있어요.

만능문장 보석함   MP3 CH02_T01

● 만능문장 01   새로운 것들을 배우다 learn new things

They can learn new things.

그들은 새로운 것들을 배울 수 있어요.

이 만능문장은 활동이나 경험을 통해 무엇을 얻을 수 있는지 말할 때 가장 기본적으로 사용할 수 있는 문장이에요.

 제니쌤의 한입 꿀팁

such as(~와 같은)로 예시를 덧붙이면 답변이 더 구체적이 돼요.

ex They can learn new things such as social skills and sports skills.
그들은 사회성이나 운동 기술과 같은 새로운 것들을 배울 수 있어요.

만능문장 02   인맥을 넓히다 expand their network

They can meet new people and expand their network.

그들은 새로운 사람들을 만나고 인맥을 넓힐 수 있어요.

이 만능문장은 사람들과 함께 활동하는 것의 장점을 말할 때 유용하게 꺼내 쓸 수 있어요.
- 혼자 일하기 vs 함께 일하기
- 대면 수업 vs 비대면 수업
- 동아리 활동, 그룹 프로젝트의 장점 등

이런 주제의 질문이 나오면 '사람들과 함께 활동하면 인맥을 넓힐 수 있다'는 이유를 들어서 내 입장을 자연스럽게 설명할 수 있어요.

만능문장 03   견문을 넓히다 broaden their perspective

They can have a lot of new experiences and broaden their perspective.

그들은 많은 새로운 것을 경험하고 그들의 견문을 넓힐 수 있어요.

이 만능문장은 새로운 문화나 환경, 사람들과의 만남을 통해 배우는 점을 말할 때 유용해요.
- 봉사활동, 인턴십, 캠프처럼 특별한 경험이 주는 가치
- 평소에 하지 않던 활동(여행, 독서, 문화 체험 등)의 효과 등

다양한 경험을 통해 시야를 넓힐 수 있다는 점을 설명하고 싶을 때 이 만능문장을 사용할 수 있어요.

만능문장 04   성숙하지 않다 be not mature

They can't make good decisions
because they **are not mature** enough.

그들은 올바른 결정을 하지 못하는데
왜냐하면 그들은 아직 충분히 성숙하지 않기 때문이에요.

이 만능문장은 어린 나이에 휴대폰을 사용하거나, SNS를 자유롭게 이용하거나, 자동차를 운전하는 것에 반대하는 의견을 말할 때 유용하게 쓸 수 있어요. 판단력이나 책임감이 부족하다는 근거로 제시하면 어떤 행동이 아직은 적절치 않다고 자연스럽게 설명할 수 있어요.

이 문장 앞에 because를 사용하면 원인과 결과가 명확하게 연결돼서 인과관계가 분명한 답변이 된다는 것도 함께 기억하세요.

입에 착붙 만능 VOCA

learn 배우다   expand 넓히다, 확장하다   network 인맥, 네트워크   broaden 넓히다
perspective 견문, 시야   decision 결정   mature 성숙한

스피킹 SOS

can을 시제에 맞게 바꾸려면 어떻게 해야 하나요?

현재 시제 can(~할 수 있다)을 과거 시제로 바꾸고 싶을 때는 could 또는 was/were able to로 써야 해요.

ex I **could** ride a bike when I was a child.
저는 어릴 때 자전거를 탈 수 있었어요.

I **was able to** finish my homework before dinner.
저는 저녁 먹기 전에 숙제를 끝낼 수 있었어요.

미래 시제에서는 will can이라고 쓸 수 없어요. 이럴 때는 be able to를 쓰고, 그 앞에 will을 붙여야 해요.

ex I hope I **will be able to** join the meeting.
제가 회의에 참여할 수 있으면 좋겠어요.

실전 리허설   MP3 CH02_T01_AR

질문

Do you agree or disagree with the following statement?
다음 주장에 찬성하나요, 아니면 반대하나요?

Attending a university in a big city provides more opportunities than attending one in a small town.
작은 마을에 있는 대학에 다니는 것보다, 대도시에 있는 대학에 다니는 것이 더 많은 기회를 제공해요.

VOCA attend 다니다, 참석하다

Use specific reasons and examples to support your opinion.
구체적인 이유와 예시를 들어서 의견을 뒷받침하세요.

서론 — I agree with the statement.
저는 이 주장에 찬성해요.

연결문장 — Let me explain why I think so.
제가 그렇게 생각하는 이유를 설명해 볼게요.

이유 1 — Most of all, students can meet many people and **expand their network** in a big city.
파트5 만능문장 02
무엇보다도, 대도시에서는 학생들이 많은 사람들을 만나고 그들의 인맥을 넓힐 수 있어요.

예시 1 — From my experience, I went to a university in Seoul, and it **was** very **helpful** because I could meet new people (from
파트3 만능문장 36 변형
different backgrounds) and **expand my network**.
파트5 만능문장 02 변형
제 경험으로는, 저는 서울에 있는 대학교에 다녔는데, (다양한 배경을 가진) 새로운 사람들을 만날 수 있고 저의 인맥을 넓힐 수 있어서 정말 도움이 됐어요.

이유 2 — Also, students can have a lot of new experiences and **broaden their perspective**.
파트5 만능문장 03
또한, 학생들은 많은 새로운 경험을 하고 그들의 견문을 넓힐 수 있어요.

예시 2 — According to a recent news report, the majority of education experts in Korea said that attending a university in a big city is very beneficial because students can have new experiences.
최근 뉴스 보도에 따르면, 한국의 대다수 교육 전문가들은 대도시에 있는 대학에 다니는 것이 매우 유익하다고 말했어요. 왜냐하면 학생들이 새로운 경험을 할 수 있기 때문이에요.

VOCA beneficial 유익한

제니쌤의 한입 꿀팁

예시 2

예시2에서 '전문가들이 ~이 유익하다고 말했다'는 내용을 덧붙일 때 '주어(내가 주장하는 내용) is very beneficial because + 이유 2 문장'의 형태로 쓰면 쉬워요.

- 주어 (=내가 주장하는 내용) ➡ attending a university in a big city 대도시에 있는 대학에 다니는 것은
- 유익하다고 설명 ➡ is very beneficial 매우 유익해요
- because + 이유 2 문장 활용 ➡ because students can have new experiences. 왜냐하면 학생들이 새로운 경험을 할 수 있기 때문이에요.

결론

So, I agree with the statement.
그래서 저는 이 주장에 찬성해요.

만능테마 02 | 집중

제니쌤의 말하기 출발선

집중력은 Part5 의견 말하기 유형에서 자주 나오는 테마예요.
예를 들어, 온라인 수업은 방해 요소가 많아 집중이 어렵다거나, 스터디 그룹보다 혼자 공부할 때 더 집중이 잘 된다는 식으로 말할 수 있어요.
그럼, 집중 테마 만능문장들을 함께 살펴볼까요?

 만능문장 보석함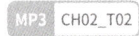

 집중력이 분산되다 **be distracted**

They will be distracted.

그들은 집중력이 분산될 거예요.

이 만능문장은 집중하기 어려운 환경이나 상황을 설명할 때 유용해요.
예를 들어, 스터디 그룹처럼 사람들이 많은 환경에서 집중력이 분산될 수 있다거나, 온라인 수업은 주변 소음 때문에 집중하기 어렵다는 이유를 말할 때 쓸 수 있어요.

만능문장 06   집중할 수 없다 can't focus on

They can't focus on their studies/work.
그들은 공부/일에 집중할 수가 없어요.

이 만능문장 역시 집중이 어려운 상황을 설명할 때 자주 써요. 집중하지 못하는 이유와 함께 연결해서 사용하면 훨씬 더 구체적인 답변을 완성할 수 있어요.

ex They can't focus on their studies because there are too many distractions. 방해 요소가 너무 많아서 그들은 공부에 집중할 수가 없어요.

만능문장 07   좋은 성적을 받을 수 없다 can't get good grades

They can't get good grades at school.
그들은 학교에서 좋은 성적을 받을 수 없어요.

이 만능문장은 집중력 저하로 인해 생기는 결과를 표현할 때 쓸 수 있어요.
예를 들어, '소음이나 방해 요소 때문에 공부에 집중하지 못해요'라는 문제를 말한 뒤, 그 결과로 '그래서 좋은 성적을 받을 수 없어요'라는 흐름을 이어주는 거예요.
즉, 원인을 제시한 다음 결과를 덧붙여 답변을 완성할 때 유용하게 쓸 수 있어요.

● 만능문장 08　학급에서 뒤처지다 fall behind in class

They will **fall behind in class**.
그들은 학급에서 뒤처질 거예요.

이 만능문장은 단순히 늦는 것이 아니라, 학생이 수업 진도에서 따라가지 못하거나 직장인이 업무나 프로젝트 일정에 뒤처지는 상황을 말할 때 써요.
앞에 등장했던 다른 만능문장과 연결하여 원인과 결과를 갖춘 답변으로도 만들 수 있어요.

ex They can't focus on their studies, so they will fall behind in class.
그들은 공부에 집중하지 못해서, 학급에서 뒤처지게 될 거예요.

● 만능문장 09　효율적으로 일할 수 없다 can't work efficiently

They **can't work efficiently**.
그들은 효율적으로 일할 수 없어요.

'can't + 동사 + efficiently'는 환경이 좋지 않아 일의 효율이 떨어지는 상황을 설명할 때 사용할 수 있어요. 동사만 바꿔서 다양하게 활용할 수 있어요.

ex can't study efficiently 효율적으로 공부할 수 없다
　　　can't communicate efficiently 효율적으로 의사소통할 수 없다

 **입에 착붙 만능 VOCA**

distracted 집중력이 분산된 focus 집중하다 grades 성적 fall behind 뒤처지다 efficiently 효율적으로

 스피킹 SOS

여러 가지 중에서 하나를 선택할 때, 어떻게 말하면 더 설득력 있을까요?

여러 가지 옵션 중 내가 선택한 쪽의 장점만 말하기보다는, 선택하지 않은 쪽의 단점도 함께 말하면 답변이 더 설득력 있어요. 예를 들어, 소규모 수업이 더 효과적이라고 주장한다면, 큰 수업의 단점을 덧붙여 대비 효과를 줄 수 있죠. 여유가 있다면 장점과 단점을 함께 말하는 게 고득점에 유리하지만, 초보자라면 이유 하나만 명확하게 말해도 충분히 좋은 점수를 받을 수 있어요.

👍 소규모 수업의 장점
In small classes, students can focus better in class.
소규모 수업에서 학생들이 수업에 더 잘 집중할 수 있어요

👎 대규모 수업의 단점
In large lectures, students can be distracted easily because there are too many people.
대형 강의에서는 사람들이 너무 많기 때문에 학생들이 쉽게 산만해질 수 있어요.

조동사 will / may / might의 쓰임을 자세히 알고 싶어요!

조동사 will, may, might는 모두 미래의 가능성이나 추측을 나타내지만, 각각 다른 뉘앙스와 확신의 정도를 가지고 있어요.
will은 '~할 것이다'라는 의미로, 미래에 대한 강한 확신이나 의지를 나타낼 때 사용해요. may나 might는 '~할지도 모른다', '~할 수도 있다'와 같이 불확실한 가능성을 표현할 때 사용할 수 있어요.
토익스피킹에서는 단정적인 표현이 필요할 때도 있지만, 상황에 따라 부드럽게 가능성을 표현하는 것이 더 자연스러운 경우도 있어요.

ex Students will fall behind in class.
학생들은 수업에서 뒤처질 거예요.
➡ 단정적으로 의견을 표현해야 하는 경우

It might appear less professional.
그것은 덜 전문적으로 보일 수 있어요.
➡ 부드럽게 가능성을 표현해야 하는 경우

 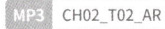 CH02_T02_AR

Do you think large lectures are more beneficial than small lectures for high school students? Why or why not?
고등학생에게 대형 강의가 소형 강의보다 더 유익하다고 생각하나요? 그 이유는 무엇인가요?

VOCA lecture 강의, 강연

Use specific reasons and examples to support your opinion.
구체적인 이유와 예시를 들어서 의견을 뒷받침하세요.

서론

I don't think large lectures are more beneficial than small lectures for high school students.
저는 고등학생에게 대형 강의가 소형 강의보다 더 유익하다고 생각하지 않아요.

연결문장

Let me explain why I think so.
왜 그렇게 생각하는지 설명해 볼게요.

이유 1

Most of all, students **can't focus on** their studies in large
파트5 만능문장 06
lectures because they will **be distracted** by other students.
파트5 만능문장 05
무엇보다도, 대형 강의에서는 다른 학생들 때문에 집중력이 분산되기 때문에 학생들이 공부에 집중할 수 없어요.

예시 1

From my experience, when I was in high school, I was in a large class. 제 경험으로, 저는 고등학교 때 큰 반에서 수업을 들었어요.
It was not helpful at all because I **couldn't focus on** my studies.
파트5 만능문장 06 변형
저에게는 전혀 도움이 되지 않았어요. 왜냐하면 공부에 집중할 수 없었기 때문이에요.
I **was often distracted** by other classmates, so I **couldn't**
파트5 만능문장 05 변형
get good grades.
파트5 만능문장 07 변형
저는 다른 반 친구들 때문에 자주 집중력이 분산되었고, 그래서 좋은 성적을 받을 수 없었어요.

이유 2

Also, students may **fall behind in class** because they can't
파트5 만능문장 08
ask many questions in large lectures.
또한, 대형 강의에서는 학생들이 많은 질문을 할 수 없기 때문에 수업에서 뒤처질 수 있어요.

예시 2
According to a recent news report, the majority of education experts in Korea said that large classes are not beneficial for students because they can't ask many questions efficiently.

최근 뉴스 보도에 따르면, 한국의 교육 전문가들 대부분은 대형 학급들은 학생들에게 유익하지 않다고 말했어요. 왜냐하면 학생들이 많은 질문을 효율적으로 할 수 없기 때문이에요.

결론
So, I don't think large lectures are more beneficial.

그래서 저는 대형 강의가 더 유익하다고 생각하지 않아요.

CHAPTER 02

만능테마

만능테마 03 | 돈

제니쌤의 말하기 출발선

Part5 의견 말하기 유형에서 돈과 관련된 주제는 가장 많이 등장하는 테마 중 하나에요.
- 이 선택이 더 경제적/비경제적이라고 생각하나요?
- 이 물건의 가격이 비싸다고/저렴하다고 생각하나요? 와 같은 질문이 출제돼요.

이럴 때는
'생활비가 너무 비싸요.(The cost of living is too high.)', '그것은 좋은 투자예요.(That's a good investment.)'처럼 경제적 기준으로 판단하는 문장들이 답변에 큰 힘이 돼요.
그럼 이제, 다양한 돈 테마 만능문장들을 함께 살펴볼까요?

 만능문장 보석함 MP3 CH02_T03

● 만능문장 **10**   돈을 절약하다 **save money**

They can **save money**.
그들은 돈을 절약할 수 있어요.

이 만능문장은 어떠한 선택을 할 때 경제적인 이유를 들어 나의 입장을 설명해야 할 때 유용하게 쓸 수 있어요.

ex Buying used items is better because it can save money.
돈을 절약할 수 있기 때문에 중고 물건을 사는 게 더 좋아요.

Online classes are better because students can save money on transportation.
학생들이 교통비를 절약할 수 있기 때문에 온라인 수업이 더 좋아요.

Using reusable bags is better because people can save money.
사람들이 돈을 절약할 수 있기 때문에 재사용 가방을 쓰는 것이 더 좋아요.

만능문장 11 생활비 The cost of living

The cost of living is too high.
생활비가 너무 비싸요.

이 만능문장 역시 생활비 부담을 이유로 설명할 때 유용하게 쓸 수 있어요.
예를 들어, 대도시보다 소도시에서 사는 것이 더 좋다거나, 기숙사보다 집에서 통학하는 게 생활비 측면에서 더 낫다고 말할 때, 이 만능문장을 꺼내면 설득력 있는 이유가 돼요.

🍯 제니쌤의 한입 꿀팁

'The cost of + 명사'는 '~의 비용/가격'이라는 뜻이에요.
명사를 바꿔주기만 해도 다양한 상황에서 쓸 수 있으니 꼭 기억해 두세요.

 The cost of food is too high. 음식값이 너무 비싸요.
　　　The cost of education is too high. 교육비가 너무 비싸요.

만능문장 12 — 생계를 유지할 수 없다 can't make a living

They can't make a living.

그들은 생계를 유지할 수 없어요.

---

make a living은 '생활비를 벌어 생계를 유지한다'는 뜻이에요. 비용이 너무 비싸서 생계를 유지하기 어려울 때 이 표현을 쓰면 현실적인 이유를 강조할 수 있어요.

ex They can't make a living because the cost is too high.
비용이 너무 비싸서 그들은 생계를 유지할 수 없어요.

만능문장 13 — (더) 높은 급여를 받다 get a high(er) salary

I can get a high(er) salary.

저는 (더) 높은 급여를 받을 수 있어요.

이 만능문장은 직업 선택이나 자기 개발과 관련된 질문에 자주 쓰여요.
- 대기업에서 일하는 게 더 좋을까요, 아니면 작은 회사에서 일하는 게 좋을까요?
- 더 좋은 일자리를 구하는 데 외국어를 배우는 것이 도움이 될까요?

이런 질문에 '더 높은 급여를 받을 수 있기 때문이에요'라고 답하면 설득력 있어요.

제니쌤의 한입 꿀팁

이 만능문장 뒤에 if(만약 ~하면)를 붙이면 더 자세하게 말할 수 있어요.

ex You can get a higher salary if you learn new things.
새로운 걸 배우면 더 높은 급여를 받을 수 있어요.

만능문장 14 · 가치 있는 투자 a good investment

That's a good investment because it makes lives better.

그것은 삶을 더 낫게 만들어주기 때문에 좋은 투자예요.

이 만능문장은 돈이나 시간을 쓰는 일이 장기적으로 도움이 될 때 사용할 수 있어요. 예를 들어, 교육, 건강, 기술, 환경 보호 같은 주제에서 자주 활용돼요. 단순한 지출이 아니라 미래를 위한 가치 있는 투자라는 점을 강조할 때 쓰면 좋아요!

입에 착붙 만능 VOCA

cost of living 생활비   make a living 생계를 유지하다, 먹고 살다   salary 급여   investment 투자

스피킹 SOS

 '비용이 많이 든다'는 말, 다양하게 표현하고 싶어요!

토익스피킹에서는 어떤 선택이 돈이 많이 드는지, 얼마나 경제적인지를 이유로 설명할 일이 많아요. 이럴 때 '비용이 많이 들어요'라는 의미를 다양한 표현으로 말할 수 있으면, 답변이 더 자연스럽고 단조롭지 않게 들려요.
이런 상황에서 쓸 수 있는 표현들을 한눈에 정리해볼까요?

표현	예문
It's expensive. → '비싸요'라는 기본 표현이에요.	That bag is too expensive. 그 가방은 너무 비싸요.
The cost is high. → '비용이 많이 든다'는 표현이에요.	The cost is high, and I don't want to waste money. 비용이 많이 들고, 저는 돈을 낭비하고 싶지 않아요.
The cost of [명사] is too high. → '[명사]의 가격이 너무 비싸요'라고 구체적으로 말하는 표현이에요.	The cost of organic food is too high. 유기농 식품의 가격이 너무 높아요.
It's a waste of money. → '돈 낭비예요'라는 뜻으로, 돈을 써도 그만한 가치가 없다고 말하고 싶을 때 사용해요.	It's a waste of money to buy an expensive laptop. 비싼 노트북을 사는 건 돈 낭비예요.
It costs a lot. → '돈이 많이 들어요'라는 말이에요.	Traveling abroad costs a lot. 해외 여행을 하는 건 돈이 많이 들어요.
It's not affordable. → '감당하기 어려워요'라는 뜻으로 내 형편에는 무리라는 뉘앙스예요.	It's not affordable for students. 학생들에게는 감당하기 어려워요.

 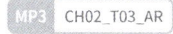

Do you think the government should support pop culture events like concerts and movies?
정부가 콘서트나 영화 같은 대중문화 행사를 지원해야 한다고 생각하나요?

서론

I think the government should support pop culture events like concerts and movies.
저는 정부가 콘서트나 영화 같은 대중문화 행사를 지원해야 한다고 생각해요.

연결 문장

Let me explain why I think so.
왜 그렇게 생각하는지 설명해 볼게요.

이유 1

Most of all, it's **a good investment** because it makes
파트5 만능문장 14
people's lives better.
무엇보다도, 그것은 사람들의 삶을 더 좋게 만들어주기 때문에 좋은 투자예요.

예시 1

From my experience, pop culture makes me happy and helps me **relieve stress**.
파트5 만능문장 45 변형
제 경험으로 볼 때, 대중문화는 저를 행복하게 해주고 스트레스를 푸는 데 도움이 돼요.

It is good **for my mental health**.
파트5 만능문장 47 변형
그것은 정신 건강에 좋습니다.

VOCA mental 정신적인

이유 2   Also, people can **save money** if the government supports these events.
파트5 만능문장 10
또한, 정부가 이런 행사를 지원한다면 사람들이 돈을 절약할 수 있어요.

예시 2   According to a recent news report, the majority of people in Korea said that the government should support pop culture events because they are too expensive for many people.
최근 뉴스 보도에 따르면, 한국 사람들 대부분이 대중문화 행사가 많은 사람들에게 너무 비싸기 때문에 정부가 지원해야 한다고 말했어요.

결론   That's why I think the government should support them.
그래서 저는 정부가 이런 행사를 지원해야 한다고 생각해요.

CHAPTER 02

만능테마

만능테마 04 | 혼자 vs 같이

제니쌤의 말하기 출발선

'혼자 하는 것 vs 함께 하는 것' 중 선택하여 내 선택의 장점을 중심으로 나의 경험이나 생각을 전달한다는 점에서는 Part3와 동일해요. 하지만 Part5 의견 말하기 유형에서는 답변 시간이 60초로 길기 때문에 내 주장을 뒷받침해 줄 수 있는 이유나 예시를 더 자세히 이야기할 수 있어야 해요. 이번에는 이럴 때 바로 꺼내 쓸 수 있는 만능문장들을 익혀볼 거예요!

 만능문장 보석함    CH02_T04

만능문장 15 　더 잘 집중하다 focus better

They can focus better.
그들은 더 잘 집중할 수 있어요.

혼자 무언가를 할 때는 어떠한 방해 요소 없이 집중하기 쉽다는 이유를 설명할 때 이 문장을 꺼내서 사용할 수 있어요.

제니쌤의 한입 꿀팁

✔ because나 so를 붙여 이유 문장을 연결하세요.
　ex They can focus better because it's quiet.
　　조용하기 때문에 그들은 더 잘 집중할 수 있어요.

✔ 시간/장소/활동을 덧붙이면 훨씬 더 구체적인 문장이 돼요.
　ex At home, I can focus better than at school.
　　저는 학교보다 집에서 더 잘 집중할 수 있어요.

● 만능문장 16   ~때문에 방해받다 be distracted by

They will not **be distracted by** others.
그들은 다른 사람들 때문에 방해받지 않을 거예요.

이 문장 역시, 그룹으로 하는 것보다 혼자 하는 것이 더 낫다는 입장을 말할 때 유용해요. 앞에서 배운 만능문장 They can focus better.와도 잘 어울려서 두 문장을 연결하면 더 설득력 있는 문장이 완성돼요.

ex They will not be distracted by others, so they can focus better.
그들은 다른 사람들 때문에 방해받지 않아서 더 잘 집중할 수 있어요.

● 만능문장 17   그들만의 일정을 짜다 set their own schedule

They can **set their own schedule**.
그들은 그들만의 일정을 짤 수 있어요.

혼자 하면 시간 관리를 자유롭게 할 수 있다는 점을 말할 때 유용해요. schedule(일정, 계획) 앞에 own(자신의, 고유의)을 추가하면 '자율적으로', '독립적으로'라는 의미를 더욱 강조할 수 있어요.

만능문장 18   더 많은 자유를 가지다 have more freedom

They can **have more freedom**.

그들은 더 많은 자유를 가질 수 있어요.

이 만능문장은 시간이나 일정뿐만 아니라, 일하는 방식, 공부하는 장소, 의사결정 방식 등 전반적인 자율성을 말할 때 써요.
앞에 소개되었던 set their own schedule은 '시간표나 일정을 그들 마음대로 짤 수 있다'는 의미라면, have more freedom은 '더 넓은 범위의 자유를 가질 수 있다'는 걸 의미해요. 그래서 폭넓은 상황에 적용하여 쓰기 좋아요.

만능문장 19   정보를 얻고 그것을 공유하다 get information and share it

They can **get information and share it** with other people.

그들은 정보를 얻고 그것을 다른 사람들과 공유할 수 있어요.

이 만능문장은 그룹 활동의 장점 중 하나인 정보 공유에 대해 말할 때 활용하기 좋아요. 예를 들어, 그룹으로 공부하거나 일할 때 서로 정보를 주고받으며 이해도가 더 높아진다는 답변을 할 때, 이 만능문장을 꺼내 쓸 수 있어요.

● 만능문장 20   가족처럼 느껴지다 feel like a family

It **feels** more **like a family**.

그것은 더 가족처럼 느껴져요.

소그룹이나 친한 사람들과 함께하면 더 편안하다고 말하고 싶을 때 이 만능문장을 쓸 수 있어요.
feel like a family에 비교급 표현 more(더)를 넣어서 비교 대상보다 더 따뜻하고 친밀한 분위기라는 걸 강조할 수 있어요.

입에 착붙 만능 VOCA

distract 방해하다, 집중을 분산시키다   set 짜다, 정하다   own ~만의
schedule 일정, 스케줄   freedom 자유   share 공유하다

스피킹 SOS

 Part5에서는 반드시 두 가지 이유를 말해야 하나요?

시험장에서 아이디어가 하나밖에 떠오르지 않아도 걱정하지 마세요! 의견 말하기 유형에서 반드시 이유 2개를 말해야 하는 건 아니에요. 오히려 무리하게 많은 내용을 넣으려다 질문 의도에서 벗어나는 것보다, 질문에 알맞은 한가지 이유를 가지고 내가 말할 수 있는 만큼은 정확하게 답하는 것이 훨씬 고득점에 유리해요.
아래 질문과 답변을 보고 나에게 맞는 방식을 골라 연습해 보세요!

질문

Do you prefer studying alone or studying with friends?
혼자 공부하는 게 좋은가요, 아니면 친구들과 함께 공부하는 게 좋은가요?

답변

(1) 이유 2 생략

: **예시 중심**으로 말할 때

구조	문장
서론	I think it's better to study with friends. 저는 친구들과 함께 공부하는 것이 더 좋다고 생각해요.
연결 문장	Let me explain why I think so. 왜 그렇게 생각하는지 설명해 볼게요.
이유 1	Most of all, it feels more like a family if students study with friends. 무엇보다도, 친구들과 함께 공부하면 더 가족 같은 분위기가 느껴져요.
예시 1	From my experience, I studied with close friends at school. For me, it was very helpful because I felt comfortable. 제 경험을 말씀드리자면, 저는 학교에서 가까운 친구들과 함께 공부했어요. 저한테는 편안하게 느껴져서 정말 도움이 됐어요.
예시 2	Also, according to a recent news report, students feel more comfortable when learning in small groups. 또한, 최근 뉴스 보도에 따르면 학생들은 소규모 그룹으로 공부할 때 더 편안함을 느낀다고 해요.
결론	Therefore, I think it's better to study with friends. 그래서 저는 친구들과 함께 공부하는 것이 더 좋다고 생각해요.

(2) 예시 2 생략

: 두번째 예시인 **보도자료를 빼고** 이유 위주로 말할 때

구조	문장
서론	I think it's better to study alone. 저는 혼자 공부하는 것이 더 좋다고 생각해요.

구조	문장
연결 문장	Let me explain why I think so. 왜 그렇게 생각하는지 설명해 볼게요.
이유 1	Most of all, students can focus better when they study alone. 무엇보다도, 학생들은 혼자 공부할 때 더 잘 집중할 수 있어요.
예시 1	From my experience, I was able to focus better at home when I studied alone. 제 경험으로는, 저는 집에서 혼자 공부할 때 더 잘 집중할 수 있었어요.
이유 2	Also, students can have more freedom if they study alone. 또한, 혼자 공부하면 학생들은 더 많은 자유를 가질 수 있어요.
결론	Therefore, I think it's better to study alone. 그래서 저는 혼자 공부하는 것이 더 좋다고 생각해요.

(3) 이유 2, 예시 2 모두 생략
: **시간이 부족**하거나 **과거 경험을 말하는 데 자신**이 있을 때

구조	문장
서론	I think it's better to study alone. 저는 혼자 공부하는 것이 더 좋다고 생각해요.
연결 문장	Let me explain why I think so. 왜 그렇게 생각하는지 설명해 볼게요.
이유 1	Most of all, students can set their own schedule when they study alone. 무엇보다도, 혼자 공부하면 학생들이 그들만의 일정을 짤 수 있어요.
예시 1	From my experience, I studied more efficiently when I studied alone because I was able to focus better. 제 경험으로는, 혼자 공부했을 때 더 잘 집중할 수 있었기 때문에 더 효율적으로 공부했어요.
결론	Therefore, I think it's better to study alone. 그래서 저는 혼자 공부하는 것이 더 좋다고 생각해요.

When you do a school project, do you prefer working with your close friends or with students you don't know well?
학교 과제를 할 때, 친한 친구들과 함께하는 걸 선호하나요, 아니면 잘 모르는 학생들과 함께하는 걸 선호하나요?

서론
I prefer working with my close friends.
저는 친한 친구들과 함께 일하는 것을 선호해요.

연결 문장
Let me explain why I think so.
왜 그런지 설명해 볼게요.

이유 1
Most of all, we can **set our own schedule** when we work together.
　　　　　　　　　　　　　　　　파트5 만능문장 17 변형
무엇보다도, 함께 일하면 우리만의 일정을 짤 수 있어요.

예시 1
From my experience, when I was in college, I worked with my close friends for a school project.
제 경험으로, 대학 시절에 저는 친한 친구들과 함께 학교 과제를 했어요.

It **was** very **helpful** because we were able to **set our own**
　　파트3 만능문장 36 변형　　　　　　　　　　　　　　파트5 만능문장 17 변형
schedule and **work more efficiently**.
　　　　　　　파트5 만능문장 37 변형
우리만의 일정을 자유롭게 짤 수 있었고, 더 효율적으로 일할 수 있어서 정말 도움이 됐어요.

이유 2

Also, it's **fun and entertaining** to work with my close
　　　　　　　파트3 만능문장 39
friends, and it **feels** more **like a family**.
　　　　　　　　파트5 만능문장 20
또한, 친한 친구들과 함께 일하면 재미있고 즐겁고, 더 가족 같은 분위기가 느껴져요.

We can **share information** more easily.
　　　　파트5 만능문장 19 변형
우리는 서로 정보를 더 쉽게 공유할 수 있어요.

결론

Therefore, I prefer to work with my close friends.
그래서 저는 친한 친구들과 함께 일하는 것을 더 선호해요.

만능테마 05 | 기술

 제니쌤의 말하기 출발선

토익스피킹에서는 현대 기술이 우리 생활에 어떤 영향을 주는지 묻는 질문이 자주 나와요. 예를 들어, '새로운 것을 배울 때 온라인 수업이 효과적일까요?'와 같은 질문에 온라인 수업의 장점 또는 단점을 이유로 들어 답할 수 있어야 해요. 이럴 때는 기술 덕분에 어떤 부분이 편리해졌는지, 또는 불편하거나 부정적인 면은 없는지를 중심으로 말하면 돼요.
이번에는 기술 테마 만능문장들을 배워볼 거예요!

 만능문장 보석함　

● **만능문장 21**　유용한 정보를 얻다 **get useful information**

They can **get a lot of useful information**/latest information on the internet.

그들은 인터넷상에서 많은 유용한 정보/최신 정보를 얻을 수 있어요.

이 만능문장은 온라인 수업이나, 스마트폰 사용, 인터넷 검색과 관련된 질문에서 기술의 긍정적인 면을 설명하고 싶을 때 유용하게 쓸 수 있어요.

 제니쌤의 한입 꿀팁

information은 셀 수 없는 명사예요.
✗ many information
○ a lot of information 많은 정보

● 만능문장 **22** 더 빠르고 더 편리한
faster and more convenient

It's **faster and more convenient**.

그것은 더 빠르고 더 편리해요.

이 만능문장은 기술 테마 질문에서 기술의 장점을 말할 때 사용할 수 있어요.

 **제니쌤의 한입 꿀팁**

fast처럼 짧은 형용사는 보통 끝에 -er을 붙여 비교급을 만들어요.
하지만 convenient처럼 긴 형용사(3음절 이상)는 'more + 형용사'로 비교급을 만들어요.

ex fast 빠른 ➡ faster 더 빠른
convenient 편리한 ➡ more convenient 더 편리한

● 만능문장 **23** 부정확한 정보 inaccurate information

There is a lot of **inaccurate information**
on the internet, so it's not reliable.

인터넷에는 많은 부정확한 정보가 있어서 믿을 만하지가 않아요.

이 만능문장은 인터넷 정보의 대표적인 단점, 즉 신뢰도의 문제를 말할 때 활용할 수 있어요.

만능문장 24   집중을 방해하다 be distracting

It **is** very **distracting** for students,
so students can't focus on their studies/work.

그것은 학생들의 집중을 분산시켜서 학생들은 공부에 집중할 수 없어요.

기술이 집중을 방해한다는 단점을 말할 때 유용한 만능문장이에요.
[주어] is/are very distracting for [대상], so [주어] can't focus on their studies/work. 의 문장 구조를 활용하여 다양하게 말할 수 있어요.

ex Smartphones are very distracting for students, so they can't focus on their studies.
스마트폰은 학생들에게 매우 방해가 되어서 그들은 공부에 집중할 수 없어요.

만능문장 25   즉시 답변을 받다 get responses right away

I can **get responses right away**.

저는 즉시 답변을 받을 수 있어요.

이 만능문장은 기술 덕분에 실시간으로 소통할 수 있다는 장점을 말할 때 유용해요.

🍯 제니쌤의 한입 꿀팁

immediately도 '즉시, 바로'라는 뜻으로 right away와 바꿔 쓸 수 있어요.
ex I can get responses right away.
= I can get responses immediately. 저는 즉시 답변을 받을 수 있어요.

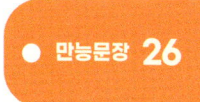 만능문장 26

화자의 감정을 이해하다
understand the speaker's feeling

I can **understand the speaker's feeling** more accurately.

저는 화자의 감정을 더 정확하게 이해할 수 있어요.

이 만능문장은 의사소통 방식에 대해 말할 때 유용해요.
특히 영상 통화나 직접 얼굴을 보고 대화하는 상황에서 감정이 더 잘 전달된다는 점을 말할 때 쓸 수 있어요.

입에 착붙 만능 VOCA

latest 최신의 inaccurate 부정확한 distracting 집중을 방해하는, 산만하게 하는
studies 공부, 학업 work 일, 업무 response 답변, 응답 right away 즉시, 바로
immediately 즉시 understand 이해하다 feeling 감정

스피킹 SOS

on의 용법, 이렇게 기억하세요!

on은 기기나 플랫폼에서의 활동을 표현할 때 자주 사용하는 전치사예요. 스마트폰, 인터넷, SNS, 웹사이트와 관련된 말하기에서 정말 유용해요. 왜 on을 쓸까요? 정보나 콘텐츠가 화면 위에 보인다고 생각하면 쉬워요. '화면 위에 올라와 있다'는 이미지 때문에 on을 사용하는 거예요.

표현	의미
on the internet	인터넷에서
on a smartphone	스마트폰에서
on social media	SNS에서
on a website	웹사이트에서
on an app	애플리케이션에서

내 선택에 더 힘을 실어주려면 어떻게 **이유**를 구성 해야 하나요?

내 선택에 힘을 실으려면, 내가 선택한 쪽의 장점을 분명히 말하고 선택하지 않은 쪽의 단점을 간략히 언급하는 것이 좋아요.

예를 들어, '학교에서 학생들을 가르칠 때 최신 기술을 사용하는 것이 좋은가요?'라는 질문에 답할 때 기술을 사용하는 쪽을 선택했다고 생각해 볼게요. 그럴 경우, '언제 어디서나 배울 수 있다'는 장점과 함께 '오프라인 수업은 유용한 정보를 제때 얻기 어렵다'는 단점을 함께 말할 수 있어요.

👍 **내가 선택한 쪽의 장점**
I can learn anytime anywhere using digital tools.
디지털 도구를 이용하면 언제 어디서나 배울 수 있어요.

👎 **선택하지 않은 쪽의 단점**
But if I take offline classes, I have to waste time commuting.
하지만 오프라인 수업을 들으면, 통학하느라 시간을 낭비해야 해요.

 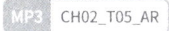

When learning about a famous person from history, do you prefer talking with a teacher in person or watching a documentary film?
역사 속 유명 인물에 대해 배울 때, 선생님과 직접 이야기하는 것을 선호하나요, 아니면 다큐멘터리 영화를 보는 것을 선호하나요?

서론	I prefer watching a documentary when learning about a famous person from history. 저는 역사 속 유명한 인물에 대해 배울 때 다큐멘터리를 보는 것을 더 선호해요.
연결 문장	Let me explain why I think so. 왜 그렇게 생각하는지 설명해 볼게요.
이유 1	Most of all, if I watch a documentary, learning **is** more **fun and entertaining**. 파트3 만능문장 39 무엇보다도, 제가 다큐멘터리를 보면 배우는 것이 더 재미있고 즐거워요. VOCA documentary 다큐멘터리, 기록
예시 1	From my experience, when I was an elementary school student, I watched a documentary film to learn about some historical topics. 제 경험으로는, 초등학생이었을 때 역사 관련 주제를 배우기 위해 다큐멘터리 영화를 봤어요. It **was** very **helpful** because watching a documentary film 파트3 만능문장 36 변형 was very fun, so I was able to learn more easily. 그건 정말 도움이 됐어요. 왜냐하면 다큐멘터리 영화를 보는 것이 매우 재미있었고, 그래서 더 쉽게 배울 수 있었거든요. VOCA elementary 초등의, 기초적인 topic 주제, 화제
이유 2	Also, I can watch documentary films **anytime anywhere** on my smartphone. 파트3 만능문장 07 또한, 저는 스마트폰으로 언제 어디서든 다큐멘터리 영화를 볼 수 있어요.

As you know, I don't have to waste time visiting a teacher in person.
아시다시피, 선생님을 직접 만나는 데 시간을 낭비할 필요가 없어요.

VOCA in person 직접, 대면으로

In fact, it might be a waste of time.
파트3 만능문장 19
사실은, 그건 시간 낭비일 수도 있어요.

제니쌤의 한입 꿀팁

답변을 자연스럽게 이어주려면 연결어를 활용하세요.

- As you know 아시다시피 ➡ 상대방도 알고 있을 만한 사실을 말할 때
- For example 예를 들어 ➡ 구체적인 사례를 제시할 때
- In fact 사실은 ➡ 강조하거나 추가 설명을 덧붙일 때
- As a result 그 결과 ➡ 앞에 말한 내용의 결과를 정리할 때

Therefore, I prefer watching a documentary film.
그래서 저는 다큐멘터리 영화를 보는 걸 더 선호해요.

만능테마 06 | 성격과 능력

 제니쌤의 말하기 출발선

Part5 의견 말하기 유형에서는 '어떤 사람이 더 적합할까요?', '어떤 성격이 더 낫다고 생각하나요?'처럼 사람의 성격, 태도, 능력과 관련된 질문이 자주 나와요. 이럴 땐 단순히 그 사람이 친절하다고 말하는 것보다, 사람의 성격이나 태도가 왜 좋은지, 또는 그 능력이 어떤 상황에서 도움이 되는지 말해주는 게 좋아요.

이번 테마에서는 이런 질문에 자신 있게 대답할 수 있도록 사회성, 성격, 능력을 표현하는 만능문장들을 배워볼 거예요!

 만능문장 보석함

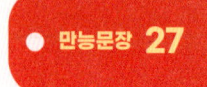 **만능문장 27**

친근한 분위기를 만들다
create a friendly atmosphere

They can **create a friendly (work) atmosphere**.
그들은 친근한 (업무) 분위기를 만들 수 있어요.

---

atmosphere는 '대기', '공기'라는 뜻이지만, 사람들 사이의 느낌이나 상황을 표현할 때는 '분위기'라는 뜻으로도 자주 써요. a friendly atmosphere는 편안하고 친근한 분위기를 말해요.

 제니쌤의 한입 꿀팁

create는 [크리-에잇]처럼 첫 음절 [kri]와 두 번째 음절 [eɪt]을 또박또박 발음해요. 끝의 -ate은 '에잇'처럼 길게, '크리에잇'이라고 발음하면 자연스러워요!

만능문장 28 — 다른 사람들과 더 잘 소통하다
communicate with others better

They can communicate with others better.

그들은 다른 사람들과 더 잘 소통할 수 있어요.

이 만능문장은 학교에서의 팀 과제, 혹은 직장에서의 협업처럼 함께 일하는 상황에서 자주 쓸 수 있어요. 사람의 성격에 대해 소개하고, 이 만능문장을 덧붙이면 그 성격의 장점까지 자연스럽게 설명할 수 있어요.

ex She is so kind. She can communicate with others better.
그녀는 매우 친절해요. 그녀는 다른 사람들과 더 잘 소통할 수 있어요.

만능문장 29 — 훌륭한 팀원이다 be good team players

They can be good team players and make good relationships with others.

그들은 훌륭한 팀원이 될 수 있고, 다른 사람들과 좋은 관계를 맺을 수 있어요.

---

a good team player는 사회성이 좋은 사람을 설명할 때 쓰기 좋은 표현이에요. 이 만능문장을 쓰면 그 사람은 사회성이 좋아서 팀에서도 잘 어울리고, 관계도 잘 만든다는 의미를 자연스럽게 표현할 수 있어요.

만능문장 30   좋은 평판을 받다 have a good reputation

They can **have a good reputation**.

그들은 좋은 평판을 받을 수 있어요.

이 만능문장은 사람의 성격이나 태도를 긍정적으로 평가할 때 유용해요.
예를 들어, '성실하게 일하는 직원', '팀원을 잘 이끄는 리더'처럼 어떤 사람의 행동이나 태도가 다른 사람들에게 긍정적인 평가로 이어진다는 의미를 전달할 때 쓸 수 있어요.

ex He always helps others and works hard, so he has a good reputation at work.

그는 항상 다른 사람을 도와주고 열심히 일해서 직장에서 좋은 평판을 받아요.

만능문장 31   영향력이 있다 be influential

They can **be** very **influential**.

그들은 매우 영향력이 있을 수 있어요.

이 만능문장은 다른 사람에게 변화를 일으킬 수 있는 힘을 설명할 때 유용해요. 단순히 좋은 평가를 받는 것을 넘어, 주변 사람들의 행동이나 생각에 직접적인 영향을 주는 상황에서 쓸 수 있어요.

ex A good teacher encourages students and helps them stay motivated. He can be influential.

좋은 선생님은 학생들을 격려하고 그들이 꾸준히 동기를 가지도록 도와줘요. 그는 영향력이 있을 수 있어요.

만능문장 32 — 다른 사람들을 동기 부여하다 motivate others

They can motivate others.

그들은 다른 사람들을 동기 부여할 수 있어요.

이 만능문장은 다른 사람에게 동기 부여가 될 만한 훌륭한 태도나 성격을 설명할 때 사용할 수 있어요.

ex Hardworking students can motivate others to study harder.

성실한 학생들은 다른 학생들이 더 열심히 공부하도록 동기 부여해 줄 수 있어요.

만능문장 33 — 치열한 경쟁 a lot of competition

Everything is always changing and there is a lot of competition.

모든 것이 항상 변화하고 경쟁이 치열해요.

이 만능문장은 현대 사회의 분위기를 설명하는 역할을 해요. 요즘은 변화가 빠르고 경쟁이 치열하다는 점을 짚은 뒤, 그에 맞는 노력을 말하면 답변이 자연스러워져요.

- 학생이라면 '요즘은 경쟁이 치열하니까 더 열심히 공부해야 해요.'
- 직장인이라면 '급변하는 시대에 뒤처지지 않으려면 자기계발을 해야 해요.'
  이렇게 '시대 분위기 ➡ 행동 제안' 구조로 답하면 설득력이 높아져요.

ex Everything is always changing and there is a lot of competition, so employees should keep improving their skills.

모든 것은 항상 변화하고 경쟁이 치열해서, 직장인들은 계속해서 자신의 능력을 키워야 해요.

CHAPTER 02 만능테마

 **만능문장 34**   도전과 어려움 challenges and difficulties

They face a lot of **challenges and difficulties**.

그들은 많은 도전과 어려움에 직면해요.

이 만능문장은 어려움이 많은 상황을 표현할 때 유용해요.

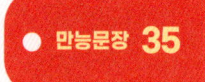 **만능문장 35**   다양한 상황을 처리하다
handle a variety of situations

He is able to **handle a variety of situations** due to his confidence.

그는 그의 자신감 덕분에 다양한 상황을 처리할 수 있어요.

어떤 사람이 가진 자질이나 태도 덕분에 문제를 잘 해결할 때 쓸 수 있어요.

만능문장 36   많은 경험/지식
a lot of experience/knowledge

They have **a lot of experience/knowledge**.

그들은 많은 경험/지식을 가지고 있어요.

사람의 전문성과 지식을 강조할 때 쓸 수 있는 만능문장이에요.

입에 착붙 만능 VOCA

friendly 친근한, 우호적인 atmosphere 분위기 reputation 평판
influential 영향력이 있는 motivate 동기 부여하다 competition 경쟁
challenge 도전, 과제 handle 처리하다, 다루다 a variety of 다양한 ~
due to ~덕분에, ~때문에

 스피킹 SOS

'좋은 사람이에요' 만으로 충분할까요?

사람의 특성을 말할 때, '좋은 리더예요', '좋은 선생님이에요'처럼 말해도 괜찮지만, 구체적인 강점을 덧붙이면 답변이 풍부해져요.

> **ex** He is a good person. 그는 좋은 사람이에요.
>
> → He can make a friendly atmosphere and communicate with others better.
> 그는 친근한 분위기를 만들 수 있고, 다른 사람들과 더 잘 소통할 수 있어요.
>
> He is smart. 그는 똑똑해요.
>
> → He can handle a variety of situations due to his knowledge.
> 그는 그의 지식 덕분에 다양한 상황을 처리할 수 있어요.

**'handle a variety of situations due to his [명사]'
에서 명사 자리에는 어떤 단어가 들어갈 수 있나요?**

이 표현에서 명사 자리에는 그 사람의 긍정적인 능력이나 성격이 들어가면 좋아요.

경험/지식
- experience 경험
- knowledge 지식

성격/특성
- patience 인내심
- confidence 자신감
- flexibility 유연성
- creativity 창의성

능력/기술
- communication skills 의사소통 능력
- problem-solving skills 문제 해결 능력
- time management skills 시간 관리 능력

 When you work on a team project at your company, do you think it's better to be professional or friendly with your team members?
회사에서 팀 프로젝트를 할 때, 팀원들과 전문적으로 대하는 게 더 낫다고 생각하나요, 아니면 친근하게 지내는 게 더 낫다고 생각하나요?

서론 I think it's better to be friendly with my team members.
저는 팀원들과 친근하게 지내는 것이 더 좋다고 생각해요.

연결문장
Let me explain why I think so.
왜 그렇게 생각하는지 설명해 볼게요.

이유 1
Most of all, if employees are friendly with each other, it can **create a good work atmosphere**.
파트5 만능문장 27 변형
무엇보다도, 직원들이 서로 친하게 지내면 좋은 업무 분위기를 만들 수 있어요.

예시 1
From my experience, I used to work at a company, and I was very friendly with my coworkers.
제 경험으로는, 예전에 한 회사에서 근무했었는데 동료들과 아주 친하게 지냈어요.

It **was** very **helpful** because it made the work
파트3 만능문장 36 변형
environment more comfortable and positive.
업무 환경을 더 편안하고 긍정적으로 만들었기 때문에 정말 도움이 됐어요.

VOCA positive 긍정적인

이유 2
Also, friendly people can **be good team players** and
파트5 만능문장 29
communicate better.
파트5 만능문장 28 변형
또한, 친한 사람들은 좋은 팀원이 될 수 있고, 더 잘 소통할 수 있어요.

예시 2
According to a recent news report, the majority of successful CEOs in Korea said that it's better to be friendly with team members when you work on a team project, because it helps people communicate more effectively.
최근 뉴스 보도에 따르면 한국의 성공한 CEO 대다수는 팀 프로젝트를 할 때 팀원들과 친밀하게 지내는 것이 더 효율적으로 소통하는 것을 돕기 때문에 더 좋다고 말했어요.

결론
Therefore, I think it's better to be friendly at work.
그래서 저는 직장에서 친하게 지내는 것이 더 좋다고 생각해요.

만능테마 07 | 업무 환경과 기업 성공

제니쌤의 말하기 출발선

회사와 관련된 질문도 Part5 의견 말하기 유형에서 자주 등장해요.
- 생산적인 근무 환경
- 직원과 고객의 만족도
- 회사의 이미지와 성장

이렇게 업무 환경과 기업 성공을 설명할 수 있는 만능문장을 익혀볼 거예요.

만능문장 보석함 MP3 CH02_T07

만능문장 37

더 효율적이고 생산적으로 일하다
work more efficiently and productively

Employees can **work more efficiently and productively.**

직원들은 더 효율적이고 더 생산적으로 일할 수 있어요.

이 만능문장은 직원들이 더 잘 일할 수 있는 조건을 말할 때 쓸 수 있어요.
- 어떤 근무 환경이 더 좋은가요?
  ➡ 편안한 환경에서 일할 때 효율성이 더 올라간다고 말할 수 있어요.
- 회사 규칙 중 어떤 것이 더 효과적인가요?
  ➡ 유연 근무제, 자율 복장 등으로 더 효율적으로 일할 수 있다고 말할 수 있어요.
- 직원 만족도가 중요한가요?
  ➡ 만족도가 높으면 더 효율적으로 일해서 결과가 좋아진다고 연결할 수 있어요.

만능문장 38   그들의 직업에 만족하다
be satisfied with their jobs

Employees can be more satisfied with their jobs.

직원들은 그들의 직업에 더 만족할 수 있어요.

이 만능문장은 직원들이 회사 생활에 만족하는 상황을 말할 때 쓸 수 있어요. 예를 들어, 근무 시간이 편리하다거나, 동료들과 사이가 좋을 때, 복지가 잘 되어 있을 때 이 만능문장을 꺼내 쓸 수 있죠.

ex They can make a friendly work atmosphere. As a result, employees can be more satisfied with their jobs.

그들은 친근한 근무 분위기를 만들 수 있어요. 그 결과, 직원들이 그들의 직업에 더 만족할 수 있어요.

만능문장 39   더 나은 업무 환경을 만들다
make a better work environment

It can make a better work environment.

그것은 더 나은 업무 환경을 만들 수 있어요.

이 만능문장은 어떤 행동이나 제도, 방식 등이 긍정적인 업무 환경을 만든다는 흐름을 말할 때 유용해요.

 **만능문장 40**

덜 전문적으로 보이다
appear less professional

They might **appear less professional**.

그들은 덜 전문적으로 보일 수 있어요.

이 만능문장은 겉모습이나 행동이 지나치게 자유롭거나 규칙을 따르지 않아 전문성이 부족해 보인다고 말할 때 유용해요.

 제니쌤의 한입 꿀팁

professional처럼 긴 형용사는 'less + 형용사' 구조로 비교급을 만들어요.
- **ex** less professional 덜 전문적인
- less comfortable 덜 편안한

만능문장 41

만족감을 느끼고 충성도를 유지하다
feel satisfied and remain loyal

Customers will **feel satisfied and remain loyal**.

고객들은 만족감을 느낄 것이고 계속 충성할 거예요.

이 만능문장은 양질의 서비스나 품질에 만족한 고객이 지금 이용하는 회사의 상품이나 서비스를 계속 사용한다는 흐름을 말할 때 유용해요.

● 만능문장 42   고객을 유치하다 **attract customers**

It will **attract** more **customers**.

그것은 더 많은 고객을 유치할 거예요.

이 만능문장은 매력적인 광고나 서비스가 고객의 관심을 끌고 방문이나 구매로 유도할 수 있다는 흐름을 말할 때 자주 써요.

● 만능문장 43   성공하다 be successful

The business will **be** more **successful**.

그 사업은 더 성공할 거예요.

이 만능문장은 고객 만족, 양질의 서비스, 효율적인 업무 환경 등이 사업 성과로 이어진다는 흐름을 말할 때 자주 쓰여요.

ex If they provide good service, the business will be more successful.
양질의 서비스를 제공하면, 그 사업은 더 성공할 거예요.

효과적이다 be effective

**People frequently use social media,
so it will be very effective.**

사람들은 소셜 미디어를 자주 이용해서 그것은 매우 효과적일 거예요.

이 만능문장은 광고 효과를 설명할 때 유용해요.
사람들이 자주 사용하는 공간이나 매체에 광고를 내면 더 많은 사람들의 눈에 띄게 되고 그만큼 광고 효과도 커져요.
즉, '사람들이 자주 이용한다 ➡ 노출 기회가 많다 ➡ 광고 효과가 크다'라는 흐름에서 사용할 수 있어요. social media 대신에 다른 명사를 넣어서 문장을 다양하게 사용할 수 있어요.

> **ex** People frequently use the subway, so it will be very effective.
> 사람들이 지하철을 자주 이용해서 그것은 매우 효과적일 거예요.

입에 착붙 만능 VOCA

employee 직원 productively 생산적으로 satisfied 만족한 environment 환경
professional 전문적인 remain 계속~이다, 남다 loyal 충성스러운
attract 유치하다, 끌어들이다 business 사업, 업체

스피킹 SOS

회사 관련 질문, 주어에 따라 답변이 어떻게 달라질까요?

회사에 관한 질문이 직원 중심인지, 고객 중심인지, 회사 전체 중심인지에 따라 답변에 어울리는 표현이 달라져요.

주어	답변 포인트	예문
employees 직원들	만족도, 효율성, 업무 성과	Employees can work more efficiently and productively. 직원들은 더 효율적이고 생산적으로 일할 수 있어요.
customers 고객들	서비스/제품 만족도, 충성도, 구매 행동	Customers will feel satisfied and remain loyal. 고객들은 만족감을 느끼고 계속 충성할 거예요.
the company / the business 기업 / 사업	업무 성과, 매출 성장	The business will be more successful. 그 사업은 더 성공할 거예요.
a good policy / system 정책 / 제도	업무 환경 개선, 직원 만족도 상승	A good policy, such as flexible hours, can create a better work environment. 유연 근무제와 같은 좋은 정책은 더 나은 업무 환경을 만들 수 있어요.
good service / product 좋은 서비스/제품	고객 반응, 매출 증대	Good service will attract more customers. 좋은 서비스는 더 많은 고객들을 유치할 거예요.

 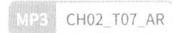

Do you think employees should be allowed to decorate their desks freely, or should there be some rules about it in the workplace?
직원들이 직장 내에서 책상을 자유롭게 꾸밀 수 있도록 허용해야 한다고 생각하나요, 아니면 이에 대한 일부 규칙이 있어야 한다고 생각하나요?

서론
I don't think employees should be allowed to decorate their desks freely.
저는 직원들이 책상을 자유롭게 꾸미도록 허용해야 한다고 생각하지 않아요.

연결 문장
Let me explain why I think so.
왜 그렇게 생각하는지 설명해 볼게요.

이유 1
Most of all, employees can't **work efficiently and productively** if they decorate their desks too freely, because it can **be** very **distracting**.
파트5 만능문장 37 변형
파트5 만능문장 24 변형
무엇보다도, 직원들이 책상을 너무 자유롭게 꾸미면 효율적이고 생산적으로 일할 수 없어요, 왜냐하면 그것은 매우 방해가 될 수 있기 때문이에요.

예시 1
From my experience, I used to work at a company and decorated my desk.
제 경험으로는, 예전에 한 회사에서 일하면서 제 책상을 꾸며본 적이 있었어요.

 제니쌤의 한입 꿀팁
'used to + 동사원형'은 예전에 자주 했던 일을 말할 때 써요.
ex I used to work at a company.
저는 예전에 한 회사에서 일했어요. (지금은 안 해요.)

예시 1

It **was** not **helpful** at all because it **was** very **distracting**.
파트3 만능문장 36 변형   파트5 만능문장 24 변형
그것은 매우 방해가 되어서 전혀 도움이 되지 않았어요.

VOCA　at all (부정문에서) 전혀, 조금도

I **couldn't focus on** my work. 저는 일에 집중할 수 없었어요.
파트5 만능문장 06 변형

이유 2

Also, it might **look less professional** if employees decorate
　　　　　　　파트5 만능문장 40 변형
their desks without any rules.
또한, 직원들이 어떠한 규칙 없이 책상을 꾸미면 덜 전문적으로 보일 수도 있어요.

VOCA　look (어떤 상태처럼) 보이다　decorate 꾸미다　without ~ 없이
　　　　rule 규칙

예시 2

According to a recent news report, the majority of successful CEOs in Korea said that there should be some rules about decorating the workplace.
최근 뉴스 보도에 따르면, 한국의 성공한 CEO 대다수가 사무실 꾸미기에는 일부 규칙이 있어야 한다고 말했어요.

VOCA　successful 성공한　should be ~이 있어야 한다 (의무, 권고 표현)
　　　　workplace 근무지, 직장

결론

Therefore, I don't think employees should be allowed to decorate their desks freely.
그래서 저는 직원들이 책상을 자유롭게 꾸미도록 허용해야 한다고 생각하지 않아요.

만능테마 08 | 스트레스와 건강

제니쌤의 말하기 출발선

토익스피킹에서 스트레스나 건강과 관련된 질문도 자주 출제돼요.
예를 들면, 어떻게 스트레스를 관리하는지, 또는 회사에서 직원들의 건강 관리를 위해 어떤 프로그램을 도입하면 좋을지 등을 물을 수 있어요. 이럴 땐 '스트레스를 풀 수 있어요', '건강에 좋아요/좋지 않아요'와 같은 표현을 자연스럽게 말할 수 있어야 해요.
지금부터는 건강과 스트레스 해소에 꼭 쓰이는 만능문장들을 배워볼까요?

 만능문장 보석함

● **만능문장 45**   스트레스를 해소하다 relieve stress

It relieves their stress and they can relax.
그것은 그들의 스트레스를 풀어주고, 그들은 편히 쉴 수 있어요.

- -

이 만능문장은 사람들이 스트레스를 줄이는 방법이나 휴식 활동의 장점을 설명할 때 꺼내 쓸 수 있어요.
- 직원들이 점심시간에 낮잠을 자는 걸 허용해야 할까요?
- 사람들이 스트레스를 푸는 데 가장 좋은 여가 활동은 무엇이라고 생각하나요?
  이와 같은 질문에서 활용할 수 있어요.

● 만능문장 46   그들의 건강에 좋다 be good for their health

It is good for their (physical / mental) health.

그것은 그들의 (신체적/정신적) 건강에 좋아요.

이 만능문장은 어떤 행동이 건강에 도움이 된다고 말할 때 유용해요. 신체적, 정신적 건강을 포괄하는 표현이기 때문에 활용도가 높아요.

🍯 제니쌤의 한입 꿀팁

45번 만능문장과 연결하여 '스트레스를 풀어주기 때문에 건강에 좋다'라는 의미로 인과 관계를 갖춘 답변을 만들 수 있어요.

ex It is good for their mental health because it relieves their stress.
   그것은 스트레스를 풀어주기 때문에 정신 건강에 좋아요.
스트레스 감소 ➡ 정신 건강에 도움이 된다는 인과관계가 잘 드러나요.

● 만능문장 47   그들의 건강에 좋지 않다
be not good for their health

It is not good for their health.

그것은 그들의 건강에 좋지 않아요.

이 만능문장은 어떤 행동이 건강에 해롭다는 점을 말할 때 쓰기 좋아요.
It is bad for ~처럼 말할 수도 있지만 이 만능문장은 그것보다 좀 더 부드럽고 완곡한 뉘앙스를 나타내는 표현이에요.

건강한 습관들을 기르다
develop healthy habits

It can **develop healthy habits**.

그것은 건강한 습관들을 기를 수 있어요.

이 만능문장은 좋은 습관을 기를 수 있는 활동이나 제도에 대해 말할 때 유용해요. 특히 규칙적인 운동, 좋은 식습관, 충분한 수면, 스트레스 관리 등과 관련된 질문에서 잘 쓰여요.

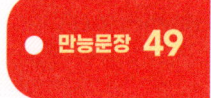

건강하지 않은 습관들을 기르다
develop unhealthy habits

It can **develop unhealthy habits**.

그것은 건강하지 않은 습관들을 기를 수 있어요.

이 만능문장은 나쁜 습관을 기를 수 있는 행동이나 제도에 대해 말할 때 유용해요. 특히 불규칙한 생활, 운동 부족, 자기관리의 어려움과 관련된 질문에서 잘 쓰여요. healthy habits와 비교해서, 부정적인 측면을 강조하고 싶을 때 활용하면 좋아요.

🔊 입에 착붙 만능 VOCA

relax 편히 쉬다, 휴식하다 physical 신체적인 mental 정신적인 health 건강
develop 기르다, 형성하다 healthy 건강한 unhealthy 건강하지 않은

 스피킹 SOS

 다양한 주제에서 '건강 테마 만능문장'을 어떻게 활용할 수 있나요?

좋은 질문이에요! 건강 테마 만능문장은 게임이나 스마트폰, 재택 근무처럼 주제가 달라도 활용할 수 있고, 같은 활동이라도 장점과 단점 양쪽에 모두 쓸 수 있어요.

Video Games 비디오 게임

👍 장점 Video games can relieve stress.
비디오 게임은 스트레스를 풀어 줄 수 있어요

👎 단점 Playing video games too much is not good for physical health. 비디오 게임을 너무 많이 하는 것은 신체 건강에 좋지 않아요.

Using Smartphones 스마트폰 사용

👍 장점 It is good for their mental health because it's fun and entertaining. 그것은 재미있고 즐거워서 정신 건강에 좋아요.

👎 단점 Using smartphones too often can develop unhealthy habits.
스마트폰을 너무 자주 사용하는 것은 건강하지 않은 습관을 기를 수 있어요.

Working from Home 재택 근무

👍 장점 It helps relieve their stress because they don't need to commute. 통근할 필요가 없어서 스트레스를 해소하는 데 도움이 돼요.

👎 단점 It can develop unhealthy habits and is not good for their physical health.
건강하지 않은 습관이 생길 수 있고, 신체 건강에 좋지 않아요.

Which is a better investment for a company: offering free fitness facilities for employees or improving the office environment, such as better lighting and furniture?

회사 입장에서 더 나은 투자는 무엇이라고 생각하나요. 직원들에게 무료 피트니스 시설을 제공하는 것인가요, 아니면 더 좋은 조명과 가구와 같은 사무실 환경을 개선하는 것인가요?

서론

I think offering free fitness facilities for employees is a better investment.

저는 직원들에게 무료 피트니스 시설을 제공하는 것이 더 나은 투자라고 생각해요.

연결 문장

Let me explain why I think so.

왜 그렇게 생각하는지 설명해 볼게요.

이유 1

Most of all, free fitness facilities **are good for employees' health**.

파트5 만능문장 46 변형

무엇보다도, 무료 피트니스 시설은 직원들의 건강에 좋아요.

VOCA be good for ~에 좋다

예시 1

From my experience, I used to work at a company, and the company offered free fitness facilities.

제 경험으로는, 예전에 한 회사에서 일한 적이 있는데, 그 회사는 무료 피트니스 시설을 제공해 주었어요.

VOCA used to 과거에 ~하곤 했다

예시 1

It **was** very **helpful** because I was able to exercise every
파트3 만능문장 36 변형
day, and it **was good for (both) my physical and mental health**.
파트5 만능문장 46 변형

매일 운동할 수 있어서 정말 도움이 되었고, 신체 건강과 정신 건강에 (모두) 좋았어요.

> **VOCA** both A and B A와 B 둘 다

As you know, when employees are healthy, they can **feel more satisfied and stay loyal** to the company.
파트5 만능문장 41 변형

아시다시피, 직원들이 건강하면 회사에 더 만족감을 느끼고 계속 충성할 거예요.

이유 2

Also, exercising helps **relieve stress**.
파트5 만능문장 45 변형

또한, 운동은 스트레스를 풀어주는 데 도움이 돼요.

> **VOCA** exercising 운동 stress 스트레스

As a result, employees can **focus better** and **work more efficiently**.
파트5 만능문장 15 *파트5 만능문장 37 변형*

그 결과, 직원들은 더 잘 집중할 수 있고, 더 효율적으로 일할 수 있어요.

> **VOCA** as a result 그 결과

결론

Therefore, I think offering free fitness facilities is a better investment.

그래서 저는 무료 피트니스 시설을 제공하는 것이 더 나은 투자라고 생각해요.

만능테마 09 | 환경

제니쌤의 말하기 출발선

환경 문제는 최근 큰 관심사 중 하나이고, 앞으로도 점점 더 중요하게 다루어질 예정이에요. 따라서, 토익스피킹에서도 환경 보호나 오염 문제와 관련된 질문은 자주 등장해요.
- 대중교통 이용을 장려하는 게 좋을까요?
- 종이컵 대신 텀블러를 쓰는 것이 효과적일까요?

이와 같이 환경에 도움이 되는 행동을 묻는 질문이 많아요.
이럴 때는 '환경에 좋아요(be good for the environment)', '더 깨끗한 환경을 만들 수 있어요 (make a cleaner environment)' 같은 표현을 자연스럽게 말할 수 있어야 해요!
지금부터는 환경 테마 만능문장들을 배워볼 거예요.

만능문장 보석함 MP3 CH02_T09

 만능문장 50   환경에 좋다 be good for the environment

It is good for the environment.

그것은 환경에 좋아요.

이 만능문장은 어떤 행동이 환경에 긍정적인 영향을 줄 때 쓸 수 있어요.
예를 들어, 대중교통 이용, 재활용품 사용, 친환경 제품 구매와 같은 환경에 도움이 되는 행동과 함께 이 문장을 붙여 말하면 꽤 그럴싸한 답변이 돼요.

ex I use a tumbler. It is good for the environment.
저는 텀블러를 사용해요. 그것은 환경에 좋아요.

만능문장 51 — 환경오염은 심각한 문제이다
Pollution is a serious issue

Pollution is a serious issue these days.

환경오염은 요즘 심각한 문제예요.

이 만능문장은 환경오염의 심각성을 강조하고 싶을 때 사용할 수 있어요. 환경 문제에 대해 설명할 때 답변의 시작 부분에 쓰기 좋은 문장이에요. 환경오염 문제를 먼저 짚고, 이어서 해결 방법이나 대안을 말하는 구조로 답변을 만들 때 사용하면 좋아요.

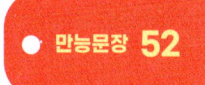

만능문장 52 — 더 깨끗한 환경을 만들다
make a cleaner environment

It can **make a cleaner environment**.

그것은 더 깨끗한 환경을 만들 수 있어요.

이 만능문장은 환경을 개선하는 행동이나 제도를 말할 때 자주 사용할 수 있어요. 어떠한 행동이나 제도를 언급한 후 이 만능문장을 뒤에 붙이면, 행동과 결과의 흐름으로 답변을 완성할 수 있어요. 여기서는 clean 대신 cleaner라는 비교급을 써서, '더 깨끗한'이라는 의미를 강조했어요.

> **ex** We should take public transportation. It can make a cleaner environment.
> 우리는 대중교통을 이용해야 해요. 그것은 더 깨끗한 환경을 만들 수 있어요.

● 만능문장 53   환경을 보호하다 protect the environment

We will be able to **protect the environment**.

우리는 환경을 보호할 수 있을 거예요.

이 만능문장은 환경 문제와 해결책을 연결해서 말할 때 자주 쓰여요. '이런 행동을 하면 환경을 지킬 수 있어요'처럼 해결 방안을 강조하는 마무리 문장으로 활용하기 좋아요.

입에 착붙 만능 VOCA

pollution 오염 serious 심각한 issue 문제, 이슈 cleaner 더 깨끗한 protect 보호하다

스피킹 SOS

 환경 보호를 실천하는 행동들, 어떻게 표현할 수 있을까요?

 환경 보호와 관련된 표현 몇가지를 익혀 놓으면 맞춤형 답변을 만들 수 있어요.
- take public transportation 대중교통을 이용하다
- buy eco-friendly products 친환경 제품을 구매하다

위 표현들과 함께 앞뒤로 만능문장 51, 52를 붙여 활용하면 좋아요.

Pollution is a serious issue these days. **(파트5 만능문장 51)**
환경오염은 요즘 심각한 문제예요.

So, I take public transportation.
그래서, 저는 대중교통을 이용해요.

It can make a cleaner environment. **(파트5 만능문장 52)**
그것은 더 깨끗한 환경을 만들어줘요.

 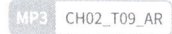

Do you agree or disagree with the following statement?
다음 주장에 찬성하나요, 아니면 반대하나요?

All restaurants and cafés should not be allowed to use plastics.
모든 식당과 카페에서 플라스틱 사용이 허용되어서는 안 돼요.

 서론
I agree with the statement.
저는 이 주장에 찬성합니다.

연결 문장
Let me explain why I think so.
왜 이렇게 생각하는지 설명해 볼게요.

이유 1
Most of all, it will **be good for the environment.**
파트5 만능문장 50 변형
무엇보다 그것은 환경에 좋을 거예요.

예시 1

As you know, **pollution is very serious** these days.
파트5 만능문장 51 변형
아시다시피, 최근 환경오염은 매우 심각해요.

If all restaurants and cafés stop using plastics such as plastic cups and straws, we will be able to **protect the environment**.
파트5 만능문장 53
만약 모든 식당과 카페가 플라스틱 컵이나 빨대 같은 플라스틱 사용을 멈춘다면, 우리는 환경을 보호할 수 있을 거예요.

VOCA plastic 플라스틱

That's **a good investment** for the future and for everyone.
파트5 만능문장 14
그것은 미래와 우리 모두를 위해 좋은 투자예요.

예시 2

Also, according to a recent news report, the majority of environmental experts said that using plastics is very harmful to the environment.
또한, 최근 뉴스 보도에 따르면 환경 전문가 대다수가 플라스틱 사용이 환경에 매우 해롭다고 말했어요.

VOCA expert 전문가 harmful 해로운

제니쌤의 한입 꿀팁

'the majority of + 사람'은 다양한 집단이나 사람들을 표현할 때 유용하게 쓸 수 있어요.

ex the majority of customers 고객들 대다수
the majority of students 학생들 대다수
the majority of environmental experts 환경 전문가들 대다수

결론

Therefore, I agree with the statement.
그래서 저는 이 주장에 찬성합니다.

CHAPTER 02

만능테마

만능테마 10 | 과거 vs 현재

 제니쌤의 말하기 출발선

토익스피킹에서는 과거와 현재를 비교하는 질문이 자주 나와요.
예를 들어, 사람들이 정보를 찾는 방법이나 기술 덕분에 생활이 어떻게 달라졌는지를 묻는 문제예요. 이럴 때는 '지금은 편리하지만, 과거에는 그렇지 않았다'는 흐름으로 답하면 자연스러워요.
지금부터는 이런 상황에 활용할 수 있는 만능문장을 정리해볼 거예요.

 MP3 CH02_T10

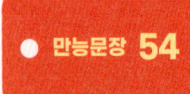

Most of all, [이유 문장]. So, [현재 상황].
However, in the past, [이유 반대 상황].
So, [과거 상황].

Most of all, people can find answers very quickly on the internet. 무엇보다도, 사람들은 인터넷에서 아주 빠르게 답을 찾을 수 있어요.
So, they can save time and get the information right away. 그래서 시간을 절약할 수 있고, 정보를 바로 얻을 수 있어요.
However, in the past, people had to go to the library and look through books.
하지만 예전에는 사람들이 도서관에 가서 책을 뒤져야 했어요.
So, it took a long time to find what they were looking for. 그래서 그들이 찾고 있던 것을 찾는 데 시간이 오래 걸렸어요.

Most of all로 가장 중요한 이유를 말하고, So로 현재의 결과를 이어줘요.
However, in the past로 현재와 다른 과거 상황을 소개한 뒤, 다시 So를 써서 그때의 불편함을 설명하면 과거와 현재를 비교하는 논리적인 흐름이 완성돼요.

🍊 제니쌤의 한입 꿀팁

in the past는 반드시 과거 시제와 함께 써야 해요!
✗ In the past, people go to the library.
○ In the past, people went to the library. 예전에는 사람들이 도서관에 갔어요.
과거 시제로 쓸 때는 go ➡ went, can ➡ could처럼 동사의 시제를 꼭 맞춰주세요.

● 만능문장 55 이전에는 Previously

Previously, students had to go to a classroom to study.

예전에는 학생들이 공부를 하기 위해 교실에 가야만 했어요.

---

previously는 과거 상황을 말할 때 쓰는 표현이에요. 그래서 반드시 뒤에 나오는 문장은 과거 시제여야 해요.
✗ Previously, people use paper maps.
○ Previously, people used paper maps. 예전에는 사람들이 종이 지도를 사용했어요.

 **하지만 요즘은** But these days

But these days, they can study online
without going anywhere.

하지만 요즘은 그들은 어디 가지 않아도 온라인으로 공부할 수 있어요.

But these days는 과거와 현재를 비교할 때, 지금의 편리함이나 달라진 점을 강조할 때 쓰는 표현이에요. Previously나 In the past로 과거 상황을 말한 뒤, But these days로 현재 상황을 이어주면 논리적인 흐름이 돼요.

만능문장 57 **과거에 ~ 하곤 했다** used to

People **used to** wait for a taxi,
but now they use mobile apps to call a taxi.

사람들이 예전에는 택시를 기다리곤 했지만,
지금은 택시를 부르기 위해 모바일 애플리케이션을 사용해요.

'used to + 동사원형'은 과거의 습관이나 방식을 말할 때 써요. 'but now + 현재형 문장'과 함께 쓰면, 예전과 지금의 차이를 자연스럽게 비교할 수 있어요.

제니쌤의 한입 꿀팁

used to는 반드시 과거의 일을 말할 때만 써요.
현재의 습관을 말할 때는 usually나 often을 사용해야 해요.
ex I used to walk to school. 저는 과거에 학교에 걸어가곤 했어요. (지금은 아님)
　　　I usually walk to school. 저는 보통 학교에 걸어가요. (현재 걸어서 다님)

만능문장 58 — 과거와 비교하면 Compared to the past

Compared to the past, people can get information more easily and quickly online.

과거와 비교하면, 사람들은 온라인에서 정보를 더욱 쉽고 빠르게 얻을 수 있어요.

---

compared to the past는 예전과 지금을 비교해서 현재의 장점을 말할 때 쓰는 표현이에요. 문장 앞에 붙이면, 지금이 얼마나 좋아졌는지 자연스럽게 강조할 수 있어요.

만능문장 59 — 기술 덕분에 Thanks to technology

Thanks to technology, many workers can work from home and save time.

기술 덕분에 많은 직장인들이 재택 근무를 하고, 시간을 절약할 수 있어요.

'thanks to + 명사'는 좋은 결과를 만든 원인을 말할 때 쓰는 표현이에요. 긍정적인 효과를 설명할 때 유용하게 쓰여요.

입에 착붙 만능 VOCA

most of all 무엇보다도 however 그러나 in the past 과거에 these days 요즘은
used to 과거에 ~하곤 했다 mobile app 모바일 애플리케이션
wait for a taxi 택시를 기다리다 thanks to ~덕분에 technology (과학)기술

스피킹 SOS

과거 vs 현재, 시제를 섞어 써도 되나요?

하나의 답변 안에서 과거 시제와 현재 시제를 섞어 쓰는 건 가능해요!
하지만 시간 표현에 맞는 시제를 정확히 써야 해요.

These days는 현재를 나타내기 때문에 현재 시제와 어울리고 과거 시제와는 함께 쓸 수 없어요.

✗ These days, people used to go online to find information.
○ These days, people go online to find information.
요즘 사람들은 정보를 찾기 위해 인터넷을 사용해요.

In the past는 과거를 나타내므로 과거 시제와 어울려요.

✗ In the past, people go to the library.
○ In the past, people went to the library.
과거에는 사람들이 도서관에 갔어요.

 **실전 리허설**  CH02_T10_AR

Do you agree or disagree with the following statement?
다음 주장에 찬성하나요, 아니면 반대하나요?

It is easier to maintain relationships with others nowadays thanks to the development of technology.
기술의 발전 덕분에 요즘은 다른 사람들과 관계를 유지하는 것이 더 쉬워요.

서론

I agree with the statement.
저는 이 주장에 동의합니다.

연결 문장

Let me explain why I think so.
왜 그렇게 생각하는지 설명해 볼게요.

이유 1

Most of all, thanks to technology, people can
파트5 만능문장 54   파트5 만능문장 59
communicate anytime anywhere using their smartphones.
파트3 만능문장 07
무엇보다도, 기술 덕분에 사람들은 스마트폰을 사용해 언제 어디서든 소통할 수 있어요.

예시 1

In the past, people couldn't meet or stay in touch when they were too busy with work, but these days, they can
파트3 만능문장 16 변형   파트5 만능문장 56
communicate every day. 과거에는 일이 너무 바쁘면 사람들을 만나거나 연락을 유지하기 어려웠지만, 요즘은 매일 연락할 수 있어요.

> **VOCA** stay in touch 연락을 유지하다

이유 2

Also, people can meet more often and maintain relationships more easily because traveling is much faster than before. 또한, 예전보다 이동이 훨씬 빨라져서 사람들을 더 자주 만나고 관계를 더 쉽게 유지할 수 있어요.

People used to drive, but now they can take planes or
파트5 만능문장 57
trains. 과거에는 사람들이 운전해서 가곤 했지만, 지금은 비행기나 기차를 이용할 수 있죠.

> **VOCA** maintain 유지하다, 지속하다 traveling 이동, 여행

결론

Therefore, I agree with the statement.
그래서 저는 이 주장에 찬성합니다.

핵심 VOCA 보물창고

만능테마 01

- [ ] learn — 배우다
- [ ] expand — 넓히다, 확장하다
- [ ] network — 인맥, 네트워크
- [ ] broaden — 넓히다
- [ ] perspective — 견문, 시야
- [ ] decision — 결정
- [ ] mature — 성숙한
- [ ] attend — 다니다, 참석하다
- [ ] beneficial — 유익한

만능테마 02

- [ ] distracted — 집중력이 분산된
- [ ] focus — 집중하다
- [ ] grades — 성적
- [ ] fall behind — 뒤처지다
- [ ] efficiently — 효율적으로
- [ ] lecture — 강의, 강연

만능테마 03

- [ ] cost of living — 생활비
- [ ] make a living — 생계를 유지하다, 먹고 살다
- [ ] salary — 급여
- [ ] investment — 투자
- [ ] mental — 정신적인

만능테마 04

- [ ] distract — 방해하다, 집중을 분산시키다
- [ ] set — 짜다, 정하다
- [ ] own — ~만의
- [ ] schedule — 일정, 스케줄
- [ ] freedom — 자유
- [ ] share — 공유하다

만능테마 05

- [ ] latest — 최신의
- [ ] inaccurate — 부정확한
- [ ] distracting — 집중을 방해하는, 산만하게 하는
- [ ] studies — 공부, 학업
- [ ] work — 일, 업무
- [ ] response — 답변, 응답
- [ ] right away — 즉시, 바로
- [ ] immediately — 즉시
- [ ] understand — 이해하다

☐ feeling	감정
☐ documentary	다큐멘터리, 기록
☐ elementary	초등의, 기초적인
☐ topic	주제, 화제
☐ in person	직접, 대면으로

만능테마 06

☐ friendly	친근한, 우호적인
☐ atmosphere	분위기
☐ reputation	평판
☐ influential	영향력이 있는
☐ motivate	동기 부여하다
☐ competition	경쟁
☐ challenge	도전, 과제
☐ handle	처리하다, 다루다
☐ a variety of	다양한 ~
☐ due to	~ 덕분에, ~ 때문에
☐ positive	긍정적인

만능테마 07

☐ employee	직원
☐ productively	생산적으로
☐ satisfied	만족한
☐ environment	환경
☐ professional	전문적인

☐ remain	계속~이다, 남다
☐ loyal	충성스러운
☐ attract	유치하다, 끌어들이다
☐ business	사업, 업체
☐ at all	(부정문에서) 전혀, 조금도
☐ look	(어떤 상태처럼) 보이다
☐ decorate	꾸미다
☐ without	~ 없이
☐ rule	규칙
☐ successful	성공한
☐ should be	~이 있어야 한다 (의무, 권고 표현)
☐ workplace	근무지, 직장

만능테마 08

☐ relax	편히 쉬다, 휴식하다
☐ physical	신체적인
☐ mental	정신적인
☐ health	건강
☐ develop	기르다, 형성하다
☐ healthy	건강한
☐ unhealthy	건강하지 않은
☐ be good for	~에 좋다
☐ used to	과거에 ~하곤 했다
☐ both A and B	A와 B 둘 다
☐ exercising	운동

☐ stress	스트레스		☐ traveling	이동, 여행
☐ as a result	그 결과			

만능테마 09

- ☐ pollution — 환경오염
- ☐ serious — 심각한
- ☐ issue — 문제, 이슈
- ☐ cleaner — 더 깨끗한
- ☐ protect — 보호하다
- ☐ plastic — 플라스틱
- ☐ expert — 전문가
- ☐ harmful — 해로운

만능테마 10

- ☐ most of all — 무엇보다도
- ☐ however — 그러나
- ☐ in the past — 과거에
- ☐ these days — 요즘은
- ☐ used to — 과거에 ~하곤 했다
- ☐ mobile app — 모바일 애플리케이션
- ☐ wait for a taxi — 택시를 기다리다
- ☐ thanks to — ~덕분에
- ☐ technology — (과학)기술
- ☐ stay in touch — 연락을 유지하다
- ☐ maintain — 유지하다, 지속하다

CHAPTER 02

핵심 VOCA 보물창고

CHAPTER 03

표 보고 질문에 답하기

Part 4

말하기 베이스캠프

제니쌤의 해설 강의 보러 가기

Part4 표 보고 질문에 답하기 유형은 표를 보고 질문에 대답하는 파트예요. 일정표, 수업 시간표, 이력서 등과 같은 표가 주어지고, 그걸 바탕으로 총 3개의 질문(8, 9, 10번)에 답해야 해요.
표 읽는 시간은 45초, 질문당 답변 준비 시간은 3초예요. 답변 시간은 8, 9번은 15초, 10번은 30초예요.
처음엔 정보가 많아 보여서 당황할 수 있지만, 핵심만 빠르게 찾는 연습과 기본적인 답변 흐름만 익혀두면 누구나 차근차근 풀 수 있어요.

📷 문제 유형 스냅샷

일정표, 수업 시간표, 이력서 같은 정보를 먼저 보여준 뒤, 그 정보와 관련된 3개의 질문(8번, 9번, 10번)이 주어져요.
예를 들어, 신입 사원 교육 일정표가 보여진 후,

- **Q8** 교육이 언제 시작하나요?
- **Q9** 회사 소개 세션이 10시에 시작하는 것이 맞나요?
- **Q10** 신입 사원이 알아야 할 마케팅 관련 일정의 세부사항을 모두 알려주세요.

이런 식으로 자료에 있는 세부 내용을 묻는 질문들이 이어지는 것이죠.
짧은 시간 안에 자료를 읽고, 필요한 정보를 정확히 찾아서 말하는 연습이 필요해요.

⏰ 시간 잡는 시계토끼 만능스킬

01 질문을 들으면서 표를 함께 살펴봐요

Part4 표 보고 질문에 답하기 유형에서는 질문이 음성으로 나오더라도 표가 화면에 계속 보여지기 때문에, 질문을 듣는 동시에 눈으로 표를 확인할 수 있어요. 이렇게 하면 필요한 정보를 훨씬 빠르게 파악할 수 있어요

02 유형별로 미리 예측하고 키워드를 들어요

자주 출제되는 질문 유형은 정해져 있기 때문에, **표를 읽는 45초 동안 어떤 질문이 나올지 미리 예측해두는 게** 좋아요. 예를 들어, 일정표라면 날짜나 시간을, 수업 시간표라면 특정 수업에 대한 정보를, 이력서라면 지원자의 자격 요건을 먼저 확인해두면 답변이 한결 수월해져요.

또, **질문 속에 정답으로 연결되는 키워드**가 그대로 들리는 경우가 많아요. 예를 들어, 질문에서 marketing session(마케팅 회의)이라는 단어가 나오면, 표 안에서 marketing이 들어간 내용을 빠르게 찾아야 하죠. 준비 시간에 유형별 포인트를 예측해두고, 질문의 키워드를 정확히 캐치해 표와 연결하면 빠르게 정답을 찾을 수 있어요.

03 만능문장을 꼭 익혀 두세요

이 유형은 **만능문장을 익혀 두는 것이 정말 중요**해요. 질문 유형마다 자주 쓰이는 만능문장을 미리 외워 두면, 시험장에서 망설이지 않고 빠르고 정확하게 답할 수 있어요.

다양한 표현을 쓰려다가 실수를 하여 감점을 받는 것보다, 미리 외워둔 만능문장을 정확하게 답하는 것이 고득점 받기에 훨씬 유리해요.

🍰 **맛있는 실전 한 조각**

Part4 표 보고 말하기 유형의 빈출 문제와 답변을 보며 실전 감각을 키워볼 차례예요.
지금부터 실전 문제를 보면서 하나씩 연습해볼까요?

New Marketing Insights Seminar: Gen Z & Beyond

Date: Friday, June 21st, 2025
Location: Greenview Convention Center

Time	Event / Activity	Presenter
9:00 - 10:00 a.m.	Registration and Welcome Coffee	Ashley Moore
10:00 - 10:30 a.m.	Opening Speech	Jamie Collins
10:30 - 11:30 a.m.	Lecture: Building Brand Loyalty	Dr. Emily Cho
11:30 a.m. - noon	Break	-
noon - 1:30 p.m.	Workshop: Social Media Strategies for Gen Z	Kevin Park
1:30 - 3:00 p.m.	Discussion: What Gen Z Wants from Brands	Rachel Kim
3:00 - 4:00 p.m.	Closing Session & Networking	Jamie Collins

- Members of the Marketing Association: $15
- Non-members: $20

최신 마케팅 인사이트 세미나: Z세대와 그 너머

날짜: 2025년 6월 21일 금요일
장소: 그린뷰 컨벤션 센터

시간	행사/활동	발표자
오전 9:00 - 10:00	등록 및 환영 커피	애슐리 무어
오전 10:00 - 10:30	개회사	제이미 콜린스
오전 10:30 - 11:30	강연: 브랜드 충성도 구축	에밀리 조 박사
오전 11:30 - 정오	휴식	-
정오 - 오후 1:30	워크숍: Z세대를 위한 소셜 미디어 전략	케빈 박
오후 1:30 - 3:00	토론: Z세대가 브랜드에 바라는 것	레이첼 김
오후 3:00 - 4:00	마무리 세션 & 네트워킹	제이미 콜린스

- 마케팅 협회 회원: 15달러
- 비회원: 20달러

Hello, I'm interested in the upcoming New Marketing Insights Seminar: Gen Z & Beyond. I don't have enough information yet. Could you share details like the time, location, fees, and Gen Z-related sessions?

안녕하세요, 곧 열리는 "최신 마케팅 인사이트 세미나: Z세대와 그 너머"에 관심이 많은데 정보가 부족합니다. 시간, 장소, 참가비, 그리고 Z세대 관련 세션 등에 대해 알려 주실 수 있을까요?

위의 상황 설명문은 8번 질문이 제시되기 전에 음성으로만 들리며, 화면에는 표시되지 않습니다.

8번 질문과 기본 답변

MP3 CH03_B_08

Q8 When and where will the seminar be held?
세미나는 언제, 어디에서 열리나요?

A8 The seminar will start at 9 a.m. on Friday, June 21st and it will be held at Greenview Convention Center.
세미나는 6월 21일 금요일 오전 9시에 시작할 거예요. 그리고 그린뷰 컨벤션 센터에서 열릴 예정이에요.

8번 답변 만드는 방법

STEP 1. 질문에서 묻는 내용을 표에서 빠르게 찾아요

When과 Where로 묻는 질문은 언제 시작하는지, 어디서 열리는지에 대한 질문이에요. 이럴 때는 질문에서 들은 의문사를 기준으로 표에서 날짜(Date)와 장소(Location) 항목을 빠르게 확인하면 돼요.

Date: Friday, June 21st, 2025
Location: Greenview Convention Center

Time	Event / Activity	Presenter
9:00 - 10:00 a.m.	Registration and Welcome Coffee	Ashley Moore

표를 보면 세미나는 6월 21일 금요일 오전 9시에 시작하고, 그린뷰 컨벤션 센터에서 열린다는 것을 알 수 있어요.

STEP 2. 찾은 정보를 만능문장에 넣어 말해요

표에서 날짜(Date)와 장소(Location)를 찾았다면, 그 정보를 만능문장에 넣으면 답변이 완성돼요. 이 질문에서는, 다음과 같은 만능문장을 활용해 표의 내용에 맞는 답변을 완성할 수 있어요.

파트4 만능문장 02: The meeting will start at 9:00 a.m. 미팅은 오전 9시에 시작할 거예요.
파트4 만능문장 01: The conference will be held on June 20th at Hilton Hotel.
회의가 6월 20일에 힐튼 호텔에서 개최될 예정이에요.

➡ The seminar will **start at 9 a.m.** on Friday, June 21st and it will **be held at Greenview Convention Center.**

9번 질문과 기본 답변

🎧 CH03_B_09

Q9 Is the registration fee 20 dollars for both members and non-members?
회원과 비회원 모두 등록비가 20달러인가요?

A9 No, I'm afraid that you have the wrong information. Actually, it's 15 dollars for the members of the Marketing Association, and it's 20 dollars for non-members. 아니요, 유감스럽게도 잘못 알고 계십니다. 사실, 마케팅 협회 회원은 15달러이고, 비회원은 20달러예요.

9번 답변 만드는 방법

STEP 1. 자료 속 사실을 확인해요

9번 문제는 주어진 자료에서 사실 여부를 확인하는 질문이 주로 나와요. 일정표나 수업 시간표라면 질문자가 알고 있는 정보가 정확한지, 취소나 변경된 내용은 없는지 주로 묻고, 이력서라면 지원자가 자격을 갖췄는지를 주로 물어요. 따라서 단순히 표를 보는 연습뿐만 아니라, 자료 전반에서 세부 정보와 조건을 빠르게 확인하는 연습이 필요해요.

- Members of the Marketing Association: $15
- Non-members: $20

질문에서는 회원과 비회원 모두 등록비가 20달러냐고 물었으니, 해당 내용은 틀렸어요.

STEP 2. 틀린 내용은 만능문장에 맞춰 바로잡아 말해요

표에서 찾은 정확한 정보를 만능문장에 넣으면 자연스럽게 답할 수 있어요.

파트4 만능문장 04: No, I'm afraid that you have the wrong information. Actually, the registration and coffee session will start at 9:00 a.m.
아니요, 유감스럽지만 잘못 알고 계십니다. 사실은, 등록 및 커피 타임은 오전 9시에 시작할 거예요.

파트4 만능문장 27: It's 20 dollars. 그것은 20달러예요.

➡ No, I'm afraid that you have the wrong information. Actually, it's 15 dollars for the members of the Marketing Association, and it's 20 dollars for non-members.

10번 질문과 기본 답변

MP3 CH03_B_10

Q10 I'm very interested in how companies are trying to connect with Gen Z. 저는 기업들이 Z세대와 어떻게 소통하려고 노력하는지에 매우 관심이 많아요. I heard that there will be some sessions related to this at the seminar. Can you tell me about them? 이번 세미나에서 이와 관련된 세션들이 몇 개 열린다고 들었어요. 그 세션들에 대해 말씀해 주실 수 있나요?

A10 Sure. There are two sessions. 물론이죠. 두 개의 세션이 있어요.
First, at noon, there is a workshop on Social Media Strategies for Gen Z by Kevin Park.
먼저, 정오에 케빈 박이 진행하는 "Z세대를 위한 소셜 미디어 전략"에 대한 워크숍이 있어요.

Next, at 1:30 p.m., there is a discussion on What Gen Z Wants from Brands by Rachel Kim. 다음으로, 오후 1시 30분에는 레이첼 김이 진행하는 "Z세대가 브랜드에 바라는 것"에 대한 토론이 있어요.

10번 답변 만드는 방법

STEP 1. 질문 속 키워드를 파악한 뒤, 해당 정보를 파악해요

10번 질문에서 들어야 할 핵심 키워드는 Gen Z(Z세대)에요. 키워드를 파악했으면, Z세대와 관련된 일정들을 표에서 빠르게 훑어야 해요.

noon - 1:30 p.m.	Workshop: Social Media Strategies for Gen Z	Kevin Park
1:30 - 3:00 p.m.	Discussion: What Gen Z Wants from Brands	Rachel Kim

STEP 2. 순서대로 만능문장에 넣어 말해요

표에서 확인한 Gen Z(Z세대)와 관련된 두 세션을 시간 순서대로 정리해서 말해주면 돼요. 이 때 유용하게 쓸 수 있는 만능문장이 있어요.

파트4 만능문장 05: There are two sessions. First, at 1 p.m., there is a workshop on Social Media Marketing by Ray Kingston. Next, at 2:30 p.m., there is a discussion on Appealing to Sports Fans through Marketing by Kevin Delmont.

두 개의 세션이 있어요. 먼저, 오후 1시에는 레이 킹스턴의 "소셜 미디어 마케팅"에 관한 워크숍이 있어요. 다음으로, 오후 2시 30분에는 "마케팅을 통해 스포츠 팬들에게 어필하기"에 대한 케빈 델몬트의 토론이 있어요.

➡ Sure. There are two sessions.
First, at noon, there is a workshop on Social Media Strategies for Gen Z by Kevin Park.
Next, at 1:30 p.m., there is a discussion on What Gen Z Wants from Brands by Rachel Kim.

만능테마 01 | 일정표

 제니쌤의 말하기 출발선

Part4 표 보고 질문에 답하기에서 자주 출제되는 유형 중 하나는 바로 일정표 문제예요.
- 세미나, 미팅, 컨퍼런스 등이 언제 열리나요?
- 제가 알고 있는 정보가 맞나요?
- 특정 키워드와 관련된 세션은 무엇이 있나요?

이런 질문이 주로 나오고, 표를 보고 질문에 맞는 정보를 확인해서 정확히 말하는 게 핵심이에요. 이럴 때 꺼내 쓸 수 있는 것이 바로 만능문장이에요.
그럼 지금부터 만능문장 보석함, 하나씩 꺼내서 살펴볼까요?

 만능문장 보석함 　MP3 CH03_T01

 **[날짜]에 [장소]에서 열리다**
be held on [날짜] at [장소]

The conference will **be held** on June 20th at Hilton Hotel.

회의가 6월 20일에 힐튼 호텔에서 개최될 예정이에요

일정표 문제에서는 언제, 어디서 열리는지를 묻는 질문이 자주 나와요.
이럴 때는 날짜와 장소를 확인해서 이 만능문장을 활용해 말하면 충분해요.
날짜와 장소의 순서는 바꿔 말해도 상관없지만, 날짜나 요일 앞에는 전치사 on, 장소 앞에는 전치사 at을 붙여야 해요.

또 한 가지! 장소 앞에는 in이 올 수도 있는데, at과는 쓰임새가 조금 달라요.
- at은 작은 장소(호텔, 회의실 등)
- in은 큰 장소(도시, 나라 등)

ex The meeting will be held on Friday at the office.
그 미팅은 금요일에 사무실에서 열릴 예정이에요.

The concert will be held in Seoul.
그 콘서트는 서울에서 열릴 예정이에요.

제니쌤의 한입 꿀팁

✓ hold는 원래 '잡다, 쥐다'라는 뜻이지만, 일정표에서는 '회의를 열다, 행사를 개최하다'는 뜻으로 쓰여요.

ex hold a meeting / seminar 미팅/세미나를 열다

✓ 일정표에서 답해야 하는 건 '누가 연다'가 아니라, '행사가 열리다'라는 상황이죠? 그래서 be held의 형태로 표현해야 해요!

ex ✗ The conference will hold on June 5th.
○ The conference will be held on June 5th. 회의는 6월 5일에 열릴 거예요.

만능문장 02   [시각]에 시작하다 start at [시각]

The meeting will **start at 9:00 a.m.**
미팅은 오전 9시에 시작할 거예요.

일정표 문제에서 '언제 시작하나요?'처럼 시작 시간을 묻는 질문도 자주 나와요. 이럴 땐 start at을 활용해서 답하면 돼요. 시각 앞에는 전치사 at을 꼭 붙여야 해요.

만능문장 03 [시각]에 끝나다 finish at [시각]

The seminar will finish at 5:00 p.m.

세미나는 오후 5시에 끝날 거예요.

일정표에는 끝나는 시간도 함께 표시돼 있어요. '언제 끝나나요?'와 같은 질문이 나오면 만능문장을 활용하여 시간 정보를 정확하게 말하는 게 중요해요.

만능문장 04 유감스럽게도 ~. 사실은, ~.
I'm afraid ~. Actually, ~.

No, I'm afraid that you have the wrong information. Actually, the registration and coffee session will start at 9:00 a.m.

아니요, 유감스럽지만 잘못 알고 계십니다.
사실은, 등록 및 커피 타임은 오전 9시에 시작할 거예요.

I'm afraid(유감스럽게도)는 정중하게 상대방의 말을 부정하거나 정정할 때 쓰여요. Actually(사실은)는 틀린 정보를 정정하거나, 예상을 뒤엎는 전혀 다른 정보를 말할 때, 또는 자신의 의견을 덧붙일 때 유용하게 쓰여요.

● 만능문장 05   [숫자]개의 세션이 있어요. 첫째/다음/마지막으로, ~.
There are [숫자] sessions. First / Next / Finally, ~.

There are two sessions. First, at 1 p.m., there is a workshop on Social Media Marketing by Ray Kingston. Next, at 2:30 p.m., there is a discussion on Appealing to Sports Fans through Marketing by Kevin Delmont.

두 개의 세션이 있어요. 먼저, 오후 1시에는 레이 킹스턴의 "소셜 미디어 마케팅"에 관한 워크숍이 있어요. 다음으로, 오후 2시 30분에는 "마케팅을 통해 스포츠 팬들에게 어필하기"에 대한 케빈 델몬트의 토론이 있어요.

10번 문제에서는 표에 있는 여러 세션을 순서대로 설명해달라는 질문이 자주 나와요. 이럴 때는 First/Next/Finally 같은 연결어를 써서 정보를 논리적이고 자연스럽게 말하는 게 포인트예요!

 제니쌤의 한입 꿀팁

on은 원래 '위에'라는 뜻이지만, '~에 관한', '~을 주제로 한'이라는 의미로도 자주 쓰여요.

ex The presentation is on the new project.
그 발표는 새로운 프로젝트에 관한 거예요.
The seminar is on marketing strategies.
그 세미나는 마케팅 전략에 관한 거예요.

 입에 착붙 만능 VOCA

hold (회의, 시합 등을) 열다, 개최하다 conference 회의, 회담 actually 사실은, 실제로 session 세션, 회의, 기간 finally 마지막으로, 마침내

스피킹 SOS

 start와 begin, finish와 end 둘 다 써도 되나요?

네, start/begin, finish/end는 뜻이 거의 같아서 서로 바꿔 쓸 수 있어요.
질문에는 begin이 나왔는데 답변은 start로 해도, 전혀 문제 없어요. finish/end도 마찬가지예요!

ex **Q.** When does it begin? 그것은 언제 시작하나요?
A. It will start at 10 a.m. 오전 10시에 시작할 거예요.

Q. When will the seminar end? 세미나는 언제 끝나나요?
A. It will finish at 9 a.m. 오전 9시에 끝날 거예요.

 일정표에서 쓰이는 다른 전치사도 알려주세요!

일정표에는 시간, 장소, 주제뿐 아니라 누가 주최하거나 발표하는지도 함께 나오는 경우가 있어요.
이럴 때 답변에 자주 등장하는 전치사가 바로 by인데요. with와 헷갈릴 수 있어서 주의가 필요해요!

구분	뜻	쓰임새	예문
by	~에 의해	발표자 소개	a lecture by Dr. Kim 김 박사가 발표하는 강연
with	~와 함께	참석자 소개	a meeting with the design team 디자인팀과 함께하는 회의

 **실전 리허설**

2025 Digital Marketing Conference

Location: Maple Grand Hotel
Date: June 15th (Saturday)

Time	Session	Presenter
9:00 – 10:00 a.m.	Introduction to Digital Marketing	Anna Smith
10:30 a.m. - noon	Social Media Marketing Strategy	Mike Johnson
1:00 – 2:30 p.m.	Workshop: Marketing & Branding Strategy	Emma Lee
3:00 – 4:30 p.m.	Content Marketing Strategy for Growth	David Kim
5:00 – 6:00 p.m.	Networking Session	Lucy Brown
6:30 – 8:00 p.m.	Future Consumer Trends	John Miller

2025 디지털 마케팅 컨퍼런스

장소: 메이플 그랜드 호텔
날짜: 6월 15일 (토요일)

시간	세션	발표자
오전 9:00 – 10:00	디지털 마케팅 소개	안나 스미스
오전 10:30 – 정오	소셜 미디어 마케팅 전략	마이크 존슨
오후 1:00 – 2:30	워크숍: 마케팅과 브랜딩 전략	엠마 리
오후 3:00 – 4:30	성장을 위한 콘텐츠 마케팅 전략	데이비드 킴
오후 5:00 – 6:00	네트워킹 세션	루시 브라운
오후 6:30 – 8:00	미래 소비자 트렌드	존 밀러

8번 질문과 기본 답변

MP3 CH03_T01_AR_08

Q8 When and where will the 2025 Digital Marketing Conference take place?
2025 디지털 마케팅 컨퍼런스는 언제, 어디에서 열리나요?

A8 It will **be held on June 15th at the Maple Grand Hotel.**
  파트4 만능문장 01
그것은 6월 15일에 메이플 그랜드 호텔에서 열릴 예정입니다.

9번 질문과 기본 답변

MP3 CH03_T01_AR_09

Q9 Is the Networking Session scheduled at 3:00 p.m.?
네트워킹 세션이 오후 3시에 예정되어 있나요?

A9 No, **I'm afraid** that you have the wrong information. **Actually,** it will be held at 5:00 p.m.
  파트4 만능문장 04
아니요, 유감스럽게도 잘못 알고 계십니다. 사실은, 그것은 오후 5시에 열릴 예정이에요.

10번 질문과 기본 답변

MP3 CH03_T01_AR_10

Q10 I'm very interested in developing marketing strategies. Could you tell me about all the sessions related to strategy?
저는 마케팅 전략을 세우는 것에 매우 관심이 많습니다. 전략과 관련된 모든 세션에 대해 알려주실 수 있나요?

> **VOCA** related to ~와 관련된 strategy 전략

A10 **There are three sessions.**
  파트4 만능문장 05
세 개의 세션이 있습니다.

First, there is a session on Social Media Marketing Strategy from 10:30 a.m. to noon by Mike Johnson.
먼저, 오전 10시 30분부터 정오까지 마이크 존슨의 "소셜 미디어 마케팅 전략" 세션이 있어요.

Next, there is a workshop on Marketing & Branding Strategy from 1:00 to 2:30 p.m. by Emma Lee.
다음으로, 오후 1시부터 2시 30분까지 엠마 리의 "마케팅과 브랜딩 전략" 워크숍이 있어요.

Finally, there is a session on Content Marketing Strategy for Growth from 3:00 to 4:30 p.m. by David Kim.
마지막으로, 오후 3시부터 4시 30분까지 데이비드 킴의 "성장을 위한 콘텐츠 마케팅 전략"에 관한 세션이 있어요.

> **VOCA** growth 성장, 증가

만능테마 02 | 개인 일정표

제니쌤의 말하기 출발선

이번에는 개인 일정표 문제를 연습해볼 거예요.
주로 CEO와 같은 개인의 출장 일정을 담은 표가 나오고, 그 개인이 본인의 일정을 확인해달라는 질문이 자주 나와요.
- 언제 출발하나요?
- 어디에 도착하나요?
- 회의가 있나요?

이런 질문에 표에서 필요한 정보를 빠르게 골라 말하는 게 중요해요.
개인 일정표 유형에서는 depart(출발하다), arrive(도착하다), take(타다), stay(머무르다), have(가지다/있다)와 같은 동사를 활용한 만능문장들이 유용하게 쓰여요.

만능문장 보석함   MP3 CH03_T02

● 만능문장 06 **[출발지]에서 출발하다 depart from [출발지]**

You will **depart from** San Francisco at 10 a.m.
당신은 오전 10시에 샌프란시스코에서 출발할 거예요.

---

depart from (~에서 출발하다)은 일정표에서 자주 쓰이는 격식 있는 표현이에요. 같은 뜻으로 leave(출발하다, 떠나다)를 쓸 수도 있지만, leave는 일상 대화에서 더 자연스럽게 쓰이는 경우가 많아요.

ex You will depart from Seoul Station at 9 a.m.
당신은 오전 9시에 서울역에서 출발할 거예요.
I will leave home at 9 a.m. 저는 오전 9시에 집에서 출발할 거예요.

● 만능문장 **07** [도착지]에 도착하다 arrive in [도착지]

You will **arrive in Los Angeles** at 3 p.m.

당신은 오후 3시에 로스앤젤레스에 도착할 거예요.

도착지에 관한 질문에 답할 때 사용하는 만능문장이에요. 도착지(장소)의 성격에 따라 전치사를 달리 써야 해요.

구분	전치사	예문
넓은 지역: 나라, 도시 등	in	arrive in France 프랑스에 도착하다 arrive in New York 뉴욕에 도착하다
특정 지점: 공항, 역, 정류장 등	at	arrive at Incheon Airport 인천공항에 도착하다 arrive at the hotel 호텔에 도착하다

● 만능문장 **08** [교통편]을 타다 take [교통편]

You will **take Korean Air 105**.

당신은 대한항공 105기를 탈 거예요.

버스, 기차, 비행기처럼 대중교통을 이용할 때는 take를 써요.

ex take a bus 버스를 타다
 take a train 기차를 타다
 take a flight to Boston 보스턴행 비행기를 타다

만능문장 09   [숙소]에 머무르다 stay at [숙소]

You will **stay at Glen Hotel**.
당신은 글렌 호텔에 머무를 거예요.

이 만능문장은 개인 일정표에서 어디에 머무를 예정인지를 묻는 질문에 자주 쓰여요. 예를 들어, Where am I staying in Los Angeles? (제가 로스앤젤레스에서 어디에 머무르나요?)와 같은 질문이 나오면 You will stay at Glen Hotel. (당신은 글렌 호텔에 머무를 거예요.)처럼 표에서 숙소 이름을 찾아 답해주면 돼요.

만능문장 10   점심식사/저녁식사/회의를 하다
have lunch/dinner/a meeting

You will **have lunch/dinner/a meeting**.
당신은 점심식사/저녁식사/회의를 할 거예요.

---

have(~하다)는 식사나 회의처럼 구체적인 일정을 언급할 때 자주 쓰여요.
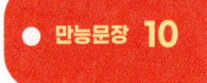 have a conference 회의를 하다
     have a seminar 세미나를 하다

● 만능문장 11

연설/프레젠테이션/강의를 하다
give a speech / a presentation / a lecture

You will **give a speech / a presentation / a lecture**.

당신은 연설/프레젠테이션/강의를 할 거예요.

발표나 강의처럼 정보를 전달하는 활동에는 give(하다, 진행하다)를 사용해요.

ex ✕ do a speech
　　　○ give a speech 연설을 하다

🍯 제니쌤의 한입 꿀팁

활동에서의 역할에 따라 어울리는 동사가 달라져요.

- **give + 발표/강의**: 직접 발표/강의를 할 때

  ex You will give a presentation tomorrow. 당신은 내일 발표를 할 거예요

- **lead + 워크숍/토론**: 워크숍/토론을 주도할 때

  ex You will lead a workshop next week 당신은 다음 주에 워크숍을 이끌 거예요.

- **attend + 세미나/회의**: 세미나/회의에 참석할 때

  ex You will attend a meeting with the director.
  　　　당신은 임원과 함께 회의에 참석할 거예요.

만능문장 12 — 취소되었다 have been canceled

There was supposed to be an interview but it has been canceled.

인터뷰가 예정되어 있었으나 취소되었어요.

---

be supposed to(~하기로 되어 있다)는 원래 계획되었지만 지금은 바뀐 상황을 설명할 때 유용해요. 예를 들어, 회의나 워크숍이 취소되었을 때 자연스럽게 사용할 수 있어요.

제니쌤의 한입 꿀팁

일정표에서 취소된 일정에는 '취소선 + *(canceled)*' 표시가 함께 있는 경우가 많아요.

 2:00 p.m. – 3:00 p.m. Workshop *(canceled)*

이럴 땐 It has been canceled. 문장으로 자연스럽게 연결하면 돼요. There was supposed to be a workshop, but it has been canceled.(워크숍이 예정되어 있었으나 취소되었어요.)라고 답하면 완벽해요.

만능문장 13 — 연기되었다 have been postponed

There was supposed to be a meeting but it has been postponed.

미팅이 예정되어 있었으나 연기되었어요.

---

be postponed(연기되다)는 일정이 취소된 게 아니라 나중으로 미뤄졌을 때 쓰는 표현이에요.

[바뀐 일정]으로 조정되었다
have been rescheduled to [바뀐 일정]

There was supposed to be a meeting with
Jane White at 2 p.m. on Tuesday,
but it **has been rescheduled to Friday**.

화요일 오후 2시에 제인 화이트 씨와의 미팅이 예정되어 있었으나
금요일로 조정되었어요.

일정이 변경된 경우에는 be rescheduled(조정되다)를 쓰고 뒤에는 'to + 바뀐 날짜/요일/시간'이 온다는 점을 기억하세요.

입에 착붙 만능 VOCA

depart 출발하다 arrive 도착하다 take (교통편을) 타다 stay 머무르다
give 하다, 진행하다 be supposed to ~하기로 되어 있다 canceled 취소된
postponed 연기된 rescheduled 일정이 조정된

스피킹 SOS

 depart에 대해 좀 더 자세히 알려주세요!

depart(출발하다)는 뒤에 오는 전치사에 따라 의미가 달라져요.
- depart from ~에서 출발하다 ➡ 출발지를 말할 때
- depart for ~를 향해 출발하다 ➡ 도착지를 말할 때

ex You will depart from Jeju Island tomorrow morning.
당신은 내일 아침 제주도에서 출발할 거예요.

The train will depart for Busan at 10 a.m.
열차는 오전 10시에 부산을 향해 출발할 거예요.

 was canceled와 has been canceled는 어떻게 다른가요?

두 표현은 시제와 의미가 달라요.

It was canceled. (과거 시제)

ex The meeting was canceled last week.
그 회의는 지난주에 취소됐어요. (현재의 상황에 영향을 미치지 않음)

➡ 과거의 특정 시점에 취소되었다는 사실 자체를 말해요. 지금 상황에 영향을 미치지 않아요.

It has been canceled. (현재 완료 시제)

ex The meeting has been canceled, so we don't need to prepare.
그 미팅은 취소됐고 그래서 우리는 준비할 필요가 없어요. (현재 상황에까지 영향을 미침)

➡ 과거 취소된 사실이 현재 상황에 영향을 주고 있음을 강조해요.

CEO Business Trip Schedule – June 22nd~23rd

Location: Chicago
Staying at Hilton Hotel

Date	Time	Activity	Location
June 22nd	10:00 a.m.	Arrive in Chicago	O'Hare International Airport
June 22nd	1:30 – 2:30 p.m.	Meeting with Olivia (partner CEO)	City Tower, Blue Room
June 22nd	3:00 – 4:00 p.m.	Conference call with London team	Hilton Hotel, Executive Room
June 23rd	12:30 – 1:30 p.m.	Have lunch with marketing team	Downtown Grill
June 23rd	2:00 – 3:00 p.m.	Give a presentation to investors	Innovation Lab, Building A
June 23rd	6:00 p.m.	Depart from Chicago	—

CEO 출장 일정표 – 6월 22일 ~ 23일

장소: 시카고
힐튼 호텔에 머무름

날짜	시간	활동	장소
6월 22일	오전 10:00	시카고 도착	오헤어 국제공항
6월 22일	오후 1:30 - 2:30	올리비아(파트너 CEO)와 회의	시티 타워, 블루룸
6월 22일	오후 3:00 - 4:00	런던 팀과 화상 회의	힐튼 호텔, 이그제큐티브 룸
6월 23일	오후 12:30 - 1:30	마케팅 팀과 점심 식사	다운타운 그릴
6월 23일	오후 2:00 - 3:00	투자자 대상 발표	이노베이션 랩, A동
6월 23일	오후 6:00	시카고 출발	—

8번 질문과 기본 답변

> MP3 CH03_T02_AR_08

Q8 Which hotel am I staying at on this trip? And what time do I arrive in Chicago?
이번 출장에서 저는 어떤 호텔에 머무르나요? 그리고 몇 시에 시카고에 도착하나요?

A8 You will **stay at the Hilton Hotel.**
　　　　　　　파트4 만능문장 09
당신은 힐튼 호텔에 머무를 거예요.

You will **arrive in Chicago** at 10 a.m. on June 22nd.
　　　　　파트4 만능문장 07
당신은 6월 22일 오전 10시에 시카고에 도착할 거예요.

9번 질문과 기본 답변

> MP3 CH03_T02_AR_09

Q9 I have a close friend in Chicago.
저는 시카고에 친한 친구가 있어요.

I was thinking of meeting him around 3:30 p.m. on the 22nd. Do I have time then?
22일 오후 3시 30분쯤 그 친구를 만나려고 생각 중이에요. 그때 시간이 있을까요?

A9 I'm sorry, but you don't have time then.
죄송하지만 그때는 시간이 없어요.

You will **have a conference call** with the London team from 3 to 4
　　　　　파트4 만능문장 10 변형
p.m., so you won't be free around 3:30 p.m.
오후 3시부터 4시까지 런던 팀과 화상 회의가 있을 예정이라서, 오후 3시 30분쯤은 시간이 안 될 거예요.

10번 질문과 기본 답변

MP3 CH03_T02_AR_10

Q10 Can you tell me all the details of the schedule on the 23rd?
23일의 일정에 대해 모든 세부 사항을 말씀해 주실 수 있나요?

A10 Yes. On June 23rd, you will **have lunch** with the marketing team
　　　　　　　　　　　　　　　　파트4 만능문장 10
from 12:30 to 1:30 p.m.
네. 6월 23일에는 마케팅 팀과 오후 12시 30분부터 1시 30분까지 점심식사가 있을 거예요.

Then, you will **give a presentation** to investors from 2 to 3 p.m.
　　　　　　　　파트4 만능문장 11
그리고 나서, 오후 2시부터 3시까지 투자자 대상 발표가 있을 거예요.

After that, you will **depart from Chicago** at 6 p.m.
　　　　　　　　　파트4 만능문장 06
그 후 오후 6시에 시카고에서 출발할 겁니다.

만능테마 03 | 이력서

 제니쌤의 말하기 출발선

지원자의 이력서를 보고 학력, 경력, 자격증, 언어 능력과 같은 정보를 답하는 문제도 자주 출제돼요.
- 이 사람은 어느 학교를 나왔나요?
- 어떤 회사에서 일했나요?
- 어떤 자격증이 있나요?
- 어떤 언어를 구사할 줄 아나요?

이러한 질문이 들리면 표에서 연도, 직책, 분야, 기관명을 빠르게 확인하는 훈련이 필요해요. 지금부터 이력서 질문에 대한 답변으로 쓸 수 있는 만능문장들을 익히고, 표를 보면 바로 말이 나올 수 있도록 훈련해 볼게요!

 MP3 CH03_T03

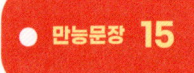 학사 / 석사 학위를 취득하다
get a bachelor's degree / master's degree

She **got a master's degree** in Design from Vancouver Art University in 2010.

그녀는 2010년에 밴쿠버 예술 대학교에서 디자인 전공으로 석사 학위를 취득했어요.

학위는 과거에 취득한 것이므로 과거 시제를 써요. 학력을 묻는 질문이 나오면 '학위 종류 + 전공 + 학교 + 연도' 4가지 정보를 표에서 빠르게 찾아서 만능문장으로 말하면 돼요.

● 만능문장 **16** [시작일]부터 [종료일]까지
from [시작일] to [종료일]

From 2015 to 2017, she worked at Jasper Fashion Magazine as a director.

2015년부터 2017년까지, 그녀는 재스퍼 패션 잡지사에서 이사로 일했어요.

현재 시점에는 끝난 과거 경력이라면 worked처럼 과거 시제를 써야 자연스러워요. 직책을 말할 때는 반드시 'as + 직책명' 형태로 써야 해요.

ex as a project manager 프로젝트 매니저로
　　 as an editor 편집자로

● 만능문장 **17** [시작일]부터 현재까지
from [시작일] up to now

From 2017 up to now, she has worked at Toronto Fashion Magazine as a chief editor.

2017년부터 지금까지, 그녀는 토론토 패션 잡지사에서 편집장으로 일해오고 있어요.

과거부터 현재까지 이어지는 경력을 말할 때는 from [시작일] up to now를 사용하고, have/has worked처럼 현재완료 시제를 써야 해요.

만능문장 18   자격을 갖추다 be qualified

I think she is qualified because~.
저는 그녀가 자격을 갖췄다고 생각해요. 왜냐하면 ~.

단순히 I think he/she is qualified.(저는 그/그녀가 자격을 갖췄다고 생각해요.)라고 말하는 것보다 because를 붙여 구체적인 이유를 설명하면 훨씬 더 설득력 있는 답변이 돼요. because 뒤에는 언어 능력, 자격증, 경력과 관련된 다른 만능문장을 연결할 수 있어요!

ex I think he is qualified because he is fluent in English.
저는 그가 자격을 갖췄다고 생각해요. 왜냐하면 그는 영어를 유창하게 구사하거든요.

만능문장 19   [언어명]을 유창하게 구사하다
be fluent in [언어명]

He is fluent in Spanish.
그는 스페인어를 유창하게 구사해요.

---

fluent(유창한) 뒤에 'in+언어명'이 붙게 되면, 특정 언어를 자연스럽게 구사한다는 의미가 돼요. 이때 반드시 전치사 in과 함께 쓴다는 걸 기억하세요.
✗ fluent at English
○ fluent in English 영어에 능통한

● 만능문장 20 [분야]에 자격증이 있다 / [기관]에서 인증을 받다
be certified in [분야] / by [기관]

She **is certified in** Pilates.
그녀는 필라테스 자격증이 있어요.

---

be certified(자격이 있다)는 뒤에 'in + 분야' / 'by + 기관'을 붙여서 말해요.

ex He is certified in project management.
그는 프로젝트 관리 분야에 자격증이 있어요.

He is certified by the National Health Service.
그녀는 국립 보건 서비스로부터 인증을 받았어요.

● 만능문장 21 [분야]에 경험이 있다 **have experience in [분야]**

He **has experience in** education.
그는 교육 분야에 경험이 있어요.

이 만능문장은 어떤 분야에서 일한 경험이 있다는 걸 말할 때 써요.

입에 착붙 만능 VOCA

bachelor's degree 학사 학위 master's degree 석사 학위 worked 일했다(과거)
editor 편집자 has worked 일해왔다(현재완료) qualified 자격을 갖춘 fluent 유창한
certified 자격증이 있는

스피킹 SOS

 직책 앞에 a와 the 중 무엇을 써야 하나요?

직책은 대부분 단수 명사이기 때문에 직책 앞에 항상 a/an을 붙여야 해요.

- **ex** ✗ He worked as manager.
  ○ He worked **as a manager**. 그는 매니저로서 일했어요.

the는 특정한 직책(회사에 단 한 명 있을 때)일 때만 사용해요.

- **ex** Mr. Kim has worked **as the CEO** of the company.
  김씨는 그 회사의 CEO로 일해오고 있어요.

 자격증을 묻는 질문에는 어떻게 답변하면 되나요?

자격증을 말할 땐 보통 두 가지 표현이면 충분해요.

- **be certified in + 분야**
  ➡ '~ 자격증이 있다'는 가장 기본적인 표현이에요.
  - **ex** He is certified in computer programming.
    그는 컴퓨터 프로그래밍 분야에 자격증이 있어요.

- **be certified by + 기관**
  ➡ 어느 기관에서 인증받았는지를 강조하고 싶을 때 써요.
  - **ex** He is certified by Microsoft.
    그는 마이크로소프트에서 인증을 받았어요.

❗ have/get a certificate in ~ (~에서 자격증을 취득하다)와 같은 표현도 있으니, 함께 알아두세요!

 **실전 리허설**

Resume: Emily Park

Category	Details
Name	Emily Park
Position	Marketing Manager
Education	B.A. in Business Administration, NYU
Experience	2019-2022: Marketing Coordinator, Green Media 2022-Present: Senior Marketer, Blue Wave Inc.
Skills	Digital marketing, data analysis
Certifications	Google Ads Certified (2021)
Languages	English, Spanish

이력서: 에밀리 박

항목	세부사항
이름	에밀리 박
지원 직책	마케팅 매니저
학력	뉴욕대학교 경영학 학사
경력	2019년 - 2022년: 그린 미디어에서 마케팅 코디네이터 2022년-현재: 블루 웨이브 주식회사에서 시니어 마케터
기술 역량	디지털 마케팅, 데이터 분석
자격증	구글 애즈 자격증 (2021년)
언어	영어, 스페인어

8번 질문과 기본 답변

MP3 CH03_T03_AR_08

Q8 What degree does the applicant have, and where did she study?
지원자는 어떤 학위를 가지고 있나요? 그리고 어디에서 공부했나요?

A8 She **got a bachelor's degree** in Business Administration from New
　　　　　파트4 만능문장 15
York University(NYU).
그녀는 뉴욕대학교(NYU)에서 경영학 학사 학위를 취득했어요.

9번 질문과 기본 답변

MP3 CH03_T03_AR_09

Q9 We are looking for someone with a marketing certificate. Is she okay for this job?
저희는 마케팅 자격증을 가진 사람을 찾고 있어요. 그녀는 이 일에 적합한가요?

A9 Yes, I think she **is qualified** because she **is certified by Google Ads**,
　　　　　　　　　파트4 만능문장 18　　　　　　　파트4 만능문장 20
and she got the certificate in 2021.
네, 그녀는 구글 애즈 자격증을 가지고 있고, 2021년에 그 자격증을 취득했기 때문에 저는 그녀가 자격을 갖췄다고 생각해요.

10번 질문과 기본 답변

MP3 CH03_T03_AR_10

Q10 Can you tell me about all of her work experience?
그녀의 모든 경력에 대해 말해 주시겠어요?

A10 Sure. **From 2019 to 2022**, she worked at Green Media as a marketing
　　　　　　파트4 만능문장 16
coordinator.
물론이죠. 그녀는 2019년부터 2022년까지 그린 미디어에서 마케팅 코디네이터로 일했어요.

From 2022 up to now, she has worked at Blue Wave Inc. as a senior
　파트4 만능문장 17
marketer.
2022년부터 지금까지 그녀는 블루 웨이브 주식회사에서 시니어 마케터로 근무해 오고 있어요.

CHAPTER 03

만능테마

만능테마 04 | 면접 일정표

 제니쌤의 말하기 출발선

이번에는 면접 일정표를 보고 질문에 답하는 문제를 연습해볼 거예요.
면접관이 질문자로 등장하여 지원자의 이름, 지원 직책, 경력, 면접 시간 등에 대해 묻는 질문이 나올 수 있어요.

- 면접은 언제 열리나요?
- 누가 어떤 직책에 지원하나요?
- 특정 직책에 지원하는 지원자들의 면접 일정이 어떻게 되나요?

이처럼 면접 일정, 장소, 지원자 정보 등에 대한 질문이 출제될 수 있어요.
이럴 땐 필요한 정보를 표에서 빠르게 찾아 만능문장에 넣어 말하면 정답이 완성돼요.

만능문장 보석함 MP3 CH03_T04

● **만능문장 22**   [사람]과 면접을 보다 interview [사람]

You will **interview Jessica Anderson** at 9:00 a.m.
당신은 제시카 앤더슨과 오전 9시에 면접을 볼 거예요.

이 만능문장은 면접관의 일정을 말해 줄 때 쓰는 표현이에요.

만능문장 23

[회사명]의 [사람]과의 면접이 있다 There is an interview with [사람] from [회사명]

There is an interview with John White from Eco Electronics who is applying for the marketing director position.

마케팅 부장직에 지원하는 에코 전자의 존 화이트 씨와 면접이 있어요.

이 만능문장은 지원자에 대한 정보를 한 문장에 담아 소개할 때 사용해요.

만능문장 24

[숫자]년의 경력이 있다
have [숫자] year(s) of experience

She has 5 years of experience.

그녀는 5년의 경력이 있어요.

이 만능문장은 지원자의 경력 기간을 말할 때 꼭 필요한 표현이에요. 숫자만 바꿔서 쉽게 쓸 수 있어서 유용해요.

 제니쌤의 한입 꿀팁

'~을 가지다'를 뜻하는 동사 have는 주어가 he, she, it처럼 3인칭 단수일 때는 has로 바꾸어 사용해요.

● 만능문장 25   [직책]에 지원하다 apply for [직책] position

He is **applying for the editor position**.

그는 편집자 직책에 지원하고 있어요.

이 만능문장은 지원자가 어떤 직책에 지원했는지 말할 때 사용하는 표현이에요. 면접 일정표 문제에서 필수적으로 등장하는 문장이에요.

제니쌤의 한입 꿀팁

apply for(~에 지원하다) 다음에는 '직책 + position'까지 써야 자연스러워요.

ex She is applying for the marketing manager position.
그녀는 마케팅 매니저 직책에 지원하고 있어요.

입에 착붙 만능 VOCA

interview 면접을 보다, 면접   apply for ~에 지원하다   marketing 마케팅
position 직책, 직위   experience 경험

스피킹 SOS

여러 개의 면접 일정을 모두 설명해야 할 때는 어떻게 하나요?

면접 일정표에서 빈출 유형으로 특정 직책에 지원하는 지원자들의 모든 정보를 알려 달라고 하는 질문이 있어요.

Q. Can you tell me about all the details of the applicants applying for the marketing position?
마케팅 직책에 지원한 지원자들의 세부 정보를 모두 말해줄 수 있나요?

이런 질문에는 first(첫째), next(다음), finally(마지막으로) 같은 연결어를 활용해 지원자들의 세부 정보를 순서대로 정리해서 말해주는 것이 핵심이에요.

A. Sure. First, there is an interview with Emily from Red Media, who is applying for the marketing position.
물론입니다. 먼저, 레드 미디어 소속의 에밀리와 면접이 있습니다. 그녀는 마케팅 직책에 지원하고 있어요.

Next, there is an interview with Jason from Blue Wave Inc., who is also applying for the same position.
다음은 블루 웨이브 주식회사의 제이슨과 면접이 있고, 그 역시 같은 직책에 지원하고 있어요.

Riverside Language Institute – Interview Schedule

Date: September 12th **Location:** Conference Room B2

Time	Applicant Name	Position Applied For	Current Employer	Experience
9:00 – 9:30 a.m.	Hannah Lee	English Instructor	Global English School	2 years in classroom teaching
9:30 – 10:00 a.m.	Kevin Patel	Curriculum Developer	EDU Korea	4 years in curriculum design
10:00 – 10:30 a.m.	Grace Yamada	Online Class Facilitator	Seoul Virtual Academy	3 years in online education
10:30 – 11:00 a.m.	~~Liam Walker~~	~~English Instructor~~ (canceled)	—	—
11:00 – 11:30 a.m.	David Brown	Curriculum Developer	Eastwood Academy	5 years in content development

리버사이드 어학원 – 면접 일정표

날짜: 9월 12일 **장소:** 컨퍼런스룸 B2

시간	지원자 이름	지원 직책	현재 소속	경력
오전 9:00 – 9:30	한나 리	영어 강사	글로벌 잉글리시 스쿨	교실 수업 경력 2년
오전 9:30 – 10:00	케빈 파텔	커리큘럼 개발자	에듀 코리아	커리큘럼 설계 경력 4년
오전 10:00 – 10:30	그레이스 야마다	온라인 수업 진행자	서울 버추얼 아카데미	온라인 교육 경력 3년
오전 10:30 – 11:00	~~라암 워커~~	~~영어 강사~~ (취소됨)	—	—
오전 11:00 – 11:30	데이비드 브라운	커리큘럼 개발자	이스트우드 아카데미	콘텐츠 개발 경력 5년

8번 질문과 기본 답변

Q8 What is the first interview about?
첫 번째 면접은 어떤 내용인가요?

A8 There is an interview with Hannah Lee from Global English School, (파트4 만능문장 23) who is applying for the English Instructor position. (파트4 만능문장 25)
글로벌 잉글리시 스쿨 소속의 한나 리와 면접이 있고, 그녀는 영어 강사 직책에 지원하고 있어요.

9번 질문과 기본 답변

Q9 I heard that I'm supposed to interview Liam Walker from 10:30 a.m. Is that correct?
제가 오전 10시 30분부터 리암 워커를 면접하기로 되어 있다고 들었어요. 이 내용이 맞나요?

A9 No, actually, there was supposed to be an interview with Liam Walker, but it has been canceled. (파트4 만능문장 12)
아니요, 사실은, 리암 워커와의 면접이 예정되어 있었지만, 취소되었습니다.

10번 질문과 기본 답변

Q10 Can you tell me about all the details of the applicants applying for the Curriculum Developer position?
커리큘럼 개발자 직책에 지원한 지원자들의 모든 세부사항을 말해줄 수 있나요?

A10 Yes. First, from 9:30 to 10 a.m., there is an interview with Kevin Patel from EDU Korea. (파트4 만능문장 23)
네, 먼저 오전 9시 30분부터 10시까지는 에듀 코리아의 케빈 파텔과 면접이 있어요.

Next, from 11 to 11:30 a.m., there is an interview with David Brown from Eastwood Academy. (파트4 만능문장 23)
그다음, 오전 11시부터 11시 30분까지는 이스트우드 아카데미의 데이비드 브라운과 면접이 있어요.

만능테마 05 | 수업 시간표

 제니쌤의 말하기 출발선

Part4 표 보고 질문에 답하기 유형에서는 수업 시간표도 자주 등장해요.
- 수업료가 얼마인가요?
- 누가 어떤 수업을 지도하나요?

이와 같이 등록비, 수업 대상, 강사, 수업 주제 등에 대한 질문이 나올 수 있어요.
그럼, 지금부터 수업 시간표를 보고 필요한 정보를 만능문장에 넣어 말하는 연습을 해볼까요?

만능문장 보석함 CH03_T05

 [강좌]에 대해 [금액]을 지불하다
pay [금액] for [강좌]

You have to pay 20 dollars for the oil painting class.
오일 페인팅 수업으로 20달러를 지불하셔야 해요.

이 만능문장은 수업료를 묻는 질문에서 쓸 수 있어요.
for(~에 대해) 뒤에는 강좌, 수업, 코스처럼 무엇에 대한 비용인지를 꼭 넣어줘야 해요.

만능문장 27 · 그것은 [금액]이다 It's [금액]

It's 20 dollars.

그것은 20달러예요.

이 만능문장은 '수업료(또는 참가비)가 얼마인가요?'와 같은 질문에 쓸 수 있어요.

만능문장 28 · [등록 마감일]까지 등록하다
register by [등록 마감일]

You should register by January 3rd.

1월 3일까지 등록하셔야 해요.

이 만능문장은 등록 마감일을 안내할 때 쓰기 좋아요. register(등록하다)는 시험이나 수업 등록할 때 자주 쓰이는 필수 어휘이니까 꼭 알아두세요.

 제니쌤의 한입 꿀팁

[등록 마감일]의 경우, 월(month)은 그대로 일(day)은 아래와 같이 읽어요.

- 끝이 1, 2, 3으로 끝나는 날짜는 특별히 바뀌어요.

    1st ➡ first   2nd ➡ second   3rd ➡ third

- 그 외의 숫자는 대부분 ~th를 붙여 읽으면 돼요.

    24th ➡ twenty-fourth   25th ➡ twenty-fifth
    26th ➡ twenty-sixth   27th ➡ twenty-seventh

● 만능문장 29   당신이 [조건]이라면, [금액]이다
If you [조건], it's [금액]

If you are a member, it's 20 dollars.
당신이 회원이라면, 20달러예요.

이 만능문장은 특정 조건일 때 금액이 얼마인지 말할 때 유용해요. 예를 들어, '단체로 등록하려고 하는데 개인 비용과 같나요?', '회원과 비회원의 비용이 같나요?'처럼 특정 조건에서의 금액을 알려줄 때 쓸 수 있어요.

ex If you register as a group, it's $120 per person.
　　단체 등록 시, 인당 120달러예요.
　　If you register early, it's $150. 조기 등록하시면, 150달러예요.

● 만능문장 30   무료이다 **be free**

It's free.
그것은 무료예요.

이 만능문장은 '참가비가 있나요?', '등록비는 얼마인가요?' 같은 질문에 참가비나 등록비가 없다는 안내를 할 때 쓰기 좋아요. 앞에 나온 만능문장과 접목해서도 말할 수 있어요.

ex If you are a member, it's free.
　　당신이 회원이라면, 무료예요.

● 만능문장 **31** [대상자]를 위한 것이다 be for [대상자]

It's for members.

그것은 회원들을 위한 것이에요.

이 만능문장은 어떤 사람들을 위한 수업인지 말할 때 쓸 수 있어요. 표를 살펴보면서 자주 나오는 대상 표현을 익혀봐요.

대상자	예문
초급자	It's for beginners. 그것은 초급 학습자들을 위한 강좌예요.
중급자	It's for intermediate students. 그것은 중급 학습자들을 위한 강좌예요.
고급자	It's for advanced students. 그것은 고급 학습자들을 위한 강좌예요.

● 만능문장 **32** [과목명] 수업이 있다
There is a [과목명] class / course

There is a Cooking for Beginners class.

"초보자를 위한 요리" 수업이 있어요.

이 만능문장은 어떤 수업이 열리는지 소개할 때 자주 써요. class나 course 앞에는 과목명을 넣어 자연스럽게 말하면 돼요. 둘 다 '수업'이라는 뜻으로, 자유롭게 사용해도 괜찮아요.

만능문장 33

[강사]가 [과목명] 수업을 지도할 것이다
[강사] will teach [과목명] class/course

Sean Kim will teach the Painting class.
션 킴 강사가 "회화" 수업을 지도할 거예요.

이 만능문장은 누가 어떤 수업을 지도하는지 말할 때 자주 써요.

ex Mr. Kim will teach a Marketing class.
김 선생님이 "마케팅" 수업을 지도할 예정이에요.

Dr. Lee will teach a Leadership course on Friday.
이 박사가 금요일에 "리더십" 강좌를 지도할 예정이에요.

만능문장 34

[주제]와 관련된 수업 a class on [주제]

There is a class on French art history.
프랑스 예술사에 관한 수업이 있어요.

이 만능문장은 어떤 주제를 다루는 수업인지 말할 때 유용해요!

ex There is a class on marketing. 마케팅에 관한 수업이 있어요.
There is a class on customer service. 고객 서비스에 관한 수업이 있어요.

🍯 제니쌤의 한입 꿀팁

on 대신에 about을 써도 괜찮아요!

ex There is a class about marketing. 마케팅에 관한 수업이 있어요.

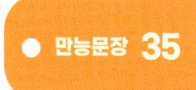

만능문장 35

[강사]가 [주제]에 관한 수업을 지도할 예정이다
[강사] will teach a class on [주제]

Jennifer Huston will teach a class on computer skills.
제니퍼 휴스턴 강사가 컴퓨터 기술에 관한 수업을 지도할 예정이에요.

이 만능문장은 강사가 어떤 주제를 가르치는지 소개할 때 쓸 수 있어요.

ex Mr. Park will teach a class on presentation skills.
박 선생님이 프레젠테이션 기술에 관한 수업을 지도할 예정이에요.

Ms. Lee will teach a class on business communication.
이 선생님이 비즈니스 커뮤니케이션에 관한 수업을 지도할 예정이에요.

입에 착붙 만능 VOCA

pay 지불하다 register 등록하다 free 무료인 member 회원 beginner 초급자
intermediate 중급의 advanced 고급의 teach 가르치다 class 수업, 강의
course 강좌, 코스 presentation 프레젠테이션, 발표

스피킹 SOS

가격 표현, 다양하게 말할 수 있어요!

수업료와 관련된 다양한 표현을 추가로 알아두세요.
- It's $20 per class/session. 수업/세션당 20달러예요.
- The fee is $30 per person. 요금은 1인당 30달러예요.
- The registration fee is included. 등록비가 포함돼 있어요.

 제니쌤의 한입 꿀팁

표에는 보통 Registration fee included처럼 짧게 적혀 있어요. 하지만 답변할 때는 그대로 읽으면 안 되고, 문장으로 바꿔서 말해야 해요.
표기할 때는 Registration fee included라고 적고,
말할 때는 The registration fee is included.라고 말해요.

 ### register 대신에 sign up도 쓸 수 있나요?

네, 가능해요. 두 표현 모두 '등록하다'라는 뜻이에요!
- register ➡ 공식적인 느낌
  - ex You should register for the course by Friday.
    금요일까지 강좌에 등록해야 해요.
- sign up ➡ 더 일상적인 표현
  - ex I signed up for the yoga class.
    요가 수업에 등록했어요.

실전 리허설

Brighton Community Art Center – Spring Class Schedule

Location: 92 Pine Street
Date: from March 5th to May 3rd
Deadline for registration: January 31st
Fee: 180 dollars per class (150 dollars per class for group registration)

Date	Time	Class Name	Level
March 5th	10:30 a.m. – noon	Introduction to Watercolor	Beginner
March 19th	1:00 – 2:30 p.m.	Drawing for Beginners	Beginner
April 4th	3:00 – 4:30 p.m.	Acrylic Painting Basics	Intermediate
April 18th	2:00 – 3:30 p.m.	Creative Sketching	Intermediate
April 30th	10:00 – 11:30 a.m.	Mixed Media Projects	Advanced
May 3rd	1:30 – 3:00 p.m.	Color Theory in Practice	Intermediate

브라이튼 커뮤니티 아트 센터 – 봄 수업 일정표

위치: 92 파인 스트리트
날짜: 3월 5일부터 5월 3일까지
등록 마감일: 1월 31일
수강료: 수업당 180달러 (단체 등록 시 수업당 150달러)

날짜	시간	강좌명	단계
3월 5일	오전 10:30 - 정오	수채화 입문	초급
3월 19일	오후 1:00 - 2:30	초보자를 위한 드로잉	초급
4월 4일	오후 3:00 - 4:30	아크릴화 기초	중급
4월 18일	오후 2:00 - 3:30	크리에이티브 스케치	중급
4월 30일	오전 10:00 - 11:30	혼합 미디어 프로젝트	고급
5월 3일	오후 1:30 - 3:00	색채 이론의 실제 적용	중급

8번 질문과 기본 답변

MP3 CH03_T05_AR_08

Q8 How much should I pay for the Creative Sketching class?
"크리에이티브 스케치" 수업은 수업료가 얼마인가요?

A8 **It's 180 dollars.** 180달러예요.
파트4 만능문장 27

If you register as a group, it's 150 dollars per class.
파트4 만능문장 29
단체로 등록하시면, 수업당 150달러예요.

9번 질문과 기본 답변

MP3 CH03_T05_AR_09

Q9 I'm looking for a class on acrylic painting.
아크릴화 수업을 찾고 있어요.

Do you have one, and can I still sign up?
해당 수업이 있나요? 그리고 아직 등록할 수 있나요?

A9 Yes, there is **a class on Acrylic Painting Basics.**
파트4 만능문장 34
네, "아크릴화 기초" 수업이 있어요.

It's on April 4th from 3 to 4:30 p.m.
4월 4일 오후 3시부터 4시 30분까지 열려요.

If you **register by January 31st, you can still join the class.**
파트4 만능문장 28
1월 31일까지 등록하시면, 아직 수업에 참여하실 수 있어요.

10번 질문과 기본 답변

Q10 Are there any beginner-level classes?
초급자 수준의 수업들이 있나요?

If so, could you tell me all of them?
있다면, 모두 알려주실 수 있나요?

A10 Yes, **there are two classes** for beginners.
  파트4 만능문장 05 변형
네, 초급자를 위한 수업이 두 개 있어요.

First, there is an Introduction to Watercolor class.
첫째로, "수채화 입문"이라는 수업이 있어요.

It is on March 5th from 10:30 a.m. to noon, and it**'s for beginners**.
  파트4 만능문장 31
3월 5일 오전 10시 30분부터 정오까지 있고, 초급자 대상이에요.

Next, there is a Drawing for Beginners class.
다음으로 "초보자를 위한 드로잉"이라는 수업이 있어요.

It is on March 19th from 1 to 2:30 p.m. and it**'s** also **for beginners**.
  파트4 만능문장 31
3월 19일 오후 1시부터 2시 30분까지 있고, 이 수업도 초급자 대상이에요.

핵심 VOCA 보물창고

MP3 CH03_V

만능테마 01

- [ ] hold — (회의, 시합 등을) 열다, 개최하다
- [ ] conference — 회의, 회담
- [ ] actually — 사실은, 실제로
- [ ] session — 세션, 회의, 기간
- [ ] finally — 마지막으로, 마침내
- [ ] related to — ~와 관련된
- [ ] strategy — 전략
- [ ] growth — 성장, 증가

만능테마 02

- [ ] depart — 출발하다
- [ ] arrive — 도착하다
- [ ] take — (교통편을) 타다
- [ ] stay — 머무르다
- [ ] give — 하다, 진행하다
- [ ] be supposed to — ~하기로 되어 있다
- [ ] canceled — 취소된
- [ ] postponed — 연기된
- [ ] rescheduled — 일정이 조정된

만능테마 03

- [ ] bachelor's degree — 학사 학위
- [ ] master's degree — 석사 학위
- [ ] worked — 일했다(과거)
- [ ] editor — 편집자
- [ ] has worked — 일해왔다(현재완료)
- [ ] qualified — 자격을 갖춘
- [ ] fluent — 유창한
- [ ] certified — 자격증이 있는

만능테마 04

- [ ] interview — 면접을 보다, 면접
- [ ] apply for — ~에 지원하다
- [ ] marketing — 마케팅
- [ ] position — 직책, 직위
- [ ] experience — 경험

만능테마 05

- [ ] pay — 지불하다
- [ ] register — 등록하다
- [ ] free — 무료인
- [ ] member — 회원

- ☐ beginner 초급자
- ☐ intermediate 중급의
- ☐ advanced 고급의
- ☐ teach 가르치다
- ☐ class 수업, 강의
- ☐ course 강좌, 코스
- ☐ presentation 프레젠테이션, 발표

CHAPTER 04

사진 묘사하기

Part 2

말하기 베이스캠프

제니쌤의 해설 강의
보러 가기

이번에 배울 유형은 Part2 사진을 보고 묘사하는 유형이에요. 처음엔 '사진 속 무엇부터 말하지?'하고 막막할 수 있지만, 사진을 묘사하는 순서와 자주 쓰이는 만능문장들을 익혀두면 어떠한 사진이 나와도 쉽게 답할 수 있어요.

📷 문제 유형 스냅샷

Part2 사진 묘사하기 유형에서는 두 문제(3번, 4번)가 주어져요. 각 문제마다 준비 시간은 45초, 답변 시간은 30초예요.

사진은 문제 시작과 함께 화면에 나타나고, 답변이 끝날 때까지 계속 보여져요.

주로 인물이 등장하는 사진이 자주 출제되는데, 인물의 수는 한 명일 수도 있고, 두 명 또는 여러 명이 함께 나올 수도 있어요. 하지만 인물 수와 상관없이 말하는 순서와 만능문장만 익혀두면 어떤 사진도 어렵지 않게 묘사할 수 있어요.

⏰ 시간 잡는 시계토끼 만능스킬

01 준비 시간에 묘사 순서를 정해두세요

서론 ➡ 전체 요약 ➡ 세부 묘사 ➡ 마무리의 순서로 사진을 묘사하면 정돈된 느낌의 답변을 완성할 수 있어요. 준비 시간 45초 동안에 각 단계에서 무엇을(사람은 몇 명? 어떤 동작?) 말할지를 떠올려두면 훨씬 안정감 있게 말할 수 있어요.

02 자주 쓰이는 템플릿과 만능문장을 익혀두세요.

사진 묘사 순서에 맞게 템플릿과 만능문장을 꺼내 쓸 수 있어야 해요. 템플릿과 만능문장을 미리 연습해두면 사진이 바뀌어도 답변의 흐름은 일정하게 유지할 수 있고, 사진 속 상황에 맞는 묘사를 보다 자연스럽게 할 수 있어요.

03 사진의 세부 묘사 보다는 핵심적인 내용을 중심으로 묘사해요

사진을 설명할 때는 모든 세부 사항을 빠짐없이 말하려고 하기보다는, 눈에 잘 들어오는 핵심적인 장면을 중심으로 묘사하는 것이 좋아요. 세부적인 것에 집착하면 말이 길어지고 중간에 막힐 위험이 커져요.

사진 전체의 흐름을 보여주는 핵심적인 장면을 짚어 주고, 그 안에서 필요한 만능문장을 활용하면 훨씬 자연스럽고 안정된 답변을 만들 수 있어요.

04 전치사로 위치를 정확하게 말해요

이 유형에서는 사진 속 사람이나 사물이 어디에 있는지 세부적인 묘사가 필요해요. 이 때, 전치사를 사용하여 위치를 정확하게 표현하는 것이 중요해요.

예를 들어, behind(~의 뒤에), next to(~의 옆에), in front of(~의 앞에) 같은 표현은 사물과 사람의 위치 관계를 정확하게 설명해주는 핵심 표현이에요.

실제 시험에 나오는 사진과 답변 예시를 보면서, 사진을 어떤 순서로 묘사하고, 어떤 만능문장을 꺼내 써야 할지 단계별로 익혀볼 거예요. 그럼 지금부터, 실전 문제로 함께 연습해볼까요?

3번 질문과 기본 답변

Q3

A3 This is a picture taken at a restaurant.
이것은 식당에서 찍힌 사진이에요.

The first thing I can see in this picture is some people sitting at a table.
이 사진에서 가장 먼저 볼 수 있는 것은 테이블에 앉아 있는 몇몇 사람들이에요.

On the right side of the picture, I can see two women.
사진의 오른쪽에는 두 명의 여자가 보여요.

One of them is holding a French fry.
그중 한 명은 감자튀김을 들고 있어요.

Next to her, I can see another woman holding a cup.
그녀의 옆에 컵을 들고 있는 다른 여자가 보여요.

On the left side of the picture, there are two men.
사진의 왼쪽에는 두 명의 남자가 있어요.

They are having a conversation.
그들은 대화를 나누고 있어요.

In the background of the picture, I can see a large window and trees.
사진의 배경에는 큰 창문과 나무들이 보여요.

3번 답변 만드는 방법

STEP 1. 템플릿을 익혀요

만능문장으로 이루어진 템플릿에 따라 사진을 묘사하면 답변의 흐름이 자연스러워요. 사진에 등장하는 인물 수나 상황에 따라 묘사 순서를 조금씩 변형할 수 있지만, 템플릿만 잘 익혀두면 어떤 사진이 나와도 당황하지 않고 안정감 있게 묘사할 수 있어요.

묘사 순서	템플릿
서론	This is a picture taken ~. 이것은 ~에서 찍힌 사진이에요.
전체 요약	The first thing I can see in this picture is ~. 이 사진에서 가장 먼저 볼 수 있는 것은 ~ 에요.
인물 묘사	On the right side of the picture, I can see ~. 사진의 오른쪽에는 ~ 이 보여요. Next to ~, I can see ... ~ 의 옆에 ... 이 보여요. On the left side of the picture, there is(are) ~. 사진의 왼쪽에는 ~ 이 있어요.
기타 사물 배경	In the background of the picture, I can see / there is(are) ~. 사진의 배경에는 ~ 이 보여요. / 있어요.

STEP 2. 만능문장을 사용해서 사진을 묘사해요

말할 순서를 정했다면, 순서에 맞게 사진 속 내용을 하나씩 설명하면 돼요. 만능문장을 활용해서 사진 묘사를 할 수 있어요.

묘사 순서	만능문장
서론	This is a picture taken ~. ➡ This is a picture taken at a restaurant. ✓ 식당에서 찍힌 사진이므로 장소를 at a restaurant으로 표현했어요.
전체 요약	The first thing I can see in this picture is ~. ➡ The first thing I can see in this picture is some people **sitting at a table**. 　　　　　　　　　　　　　　　　　　　　　　　　　파트2 만능문장18 ✓ sitting at a table 구문을 활용해 some people의 동작을 설명했어요.

인물 묘사	On the right side of the picture, I can see ~. ➡ On the right side of the picture, I can see two women. One of them is holding a French fry. 파트2 만능문장 13 변형 ✓ 주어(One of them)가 들고 있는 대상을 a French fry(감자튀김)로 바꿔 구체적인 장면을 묘사했어요.
	Next to~, I can see ~. ➡ Next to her, I can see another woman holding a cup. 파트2 만능문장 05　　　　　　　　　　　파트2 만능문장 13 ✓ 내가 묘사할 대상(woman) 뒤에 '동사+ing' 형태를 사용하여 동작(holding a cup)을 덧붙이면, 더욱 구체적으로 묘사할 수 있어요.
	On the left side of the picture, there are ~. ➡ On the left side of the picture, there are two men. They are having a conversation.　　　　　　　　　　　　　　　　　　파트2 만능문장 15 ✓ 만능문장을 그대로 활용해 two men(두 명의 남자)의 행동을 묘사했어요.
기타 사물 배경	In the background of the picture, I can see ~. ➡ In the background of the picture, I can see a large window and trees. ✓ 배경으로 보이는 사물을 간단하게 묘사했어요.

CHAPTER 04

말하기 베이스캠프

만능테마 01 | 사진 묘사 시작하기

제니쌤의 말하기 출발선

Part 2 사진 묘사하기 유형에서는 템플릿으로 쓸 수 있는 만능문장을 먼저 익히는 것이 중요해요. 특히 사진의 시작 부분에서는 사진 속 위치나 배경을 자연스럽게 소개하는 표현이 기본 틀이 돼요. 이 테마에서는 사진 묘사 순서에 맞게 활용할 수 있는 만능문장을 연습해 봐요.

만능문장 보석함

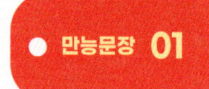

이것은 ~에서 찍힌 사진이다
This is a picture taken ~

This is a picture taken at a park.
이것은 공원에서 찍힌 사진이에요.

This is a picture taken ~은 사진을 묘사할 때 첫 문장으로 유용한 표현이에요. taken 뒤에는 at이나 in이 올 수 있는데, 사진 속 장소에 맞게 선택하면 돼요. 특정 장소라면 at, 넓은 공간이나 건물 내부라면 in을 쓰면 돼요.

제니쌤의 한입 꿀팁

사진 묘사하기 유형에서는 장소에 어울리는 전치사를 정확하게 쓰는 게 중요해요.
- **at**: 장소를 간단히 나타낼 때 ➡ **at a restaurant** 레스토랑에서
- **in**: 장소 내부를 강조할 때 ➡ **in a classroom** 교실 안에서
- **on**: 표면이나 거리 위 ➡ **on the street** 길 위에서
- 전치사가 필요 없는 경우: **indoors** 내부에서, **outdoors** 외부에서

 만능문장 02

이 사진에서 가장 먼저 볼 수 있는 것
The first thing I can see in this picture

The first thing I can see in this picture is two women.

이 사진에서 가장 먼저 볼 수 있는 것은 두 명의 여자예요.

이 만능문장은 사진을 본 순간 가장 먼저 눈에 띄는 대상을 자연스럽게 소개하는 데 유용한 문장이에요.

🍯 제니쌤의 한입 꿀팁

in this picture 대신 from this picture를 써도 괜찮아요. 다만, in this picture 가 조금 더 자주 쓰이는 표현이니까 기본 구조는 in으로 기억해 두세요.

ex The first thing I can see in this picture is two women.
= The first thing I can see from this picture is two women.
이 사진에서 가장 먼저 볼 수 있는 것은 두 명의 여자예요.

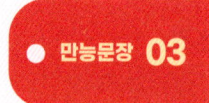 **만능문장 03** 사진의 전경 / 중앙 / 배경에는 in the foreground / middle / background of the picture

In the foreground / middle / background of the picture, I can see a fountain.

사진의 전경/중앙/배경에는 분수대가 보여요.

사진의 전경, 중앙, 그리고 배경에 보이는 인물 또는 사물을 묘사할 때 쓸 수 있는 만능 문장이에요.

🍯 제니쌤의 한입 꿀팁

✔ 묘사하려는 대상이 몇 개인지 정확히 세기 어려울 때는, 숫자를 세느라 시간을 낭비할 필요 없이 I can see some ~.(몇몇 ~이 보여요.)과 같은 표현을 쓰면 묘사가 쉬워져요.

> **ex** I can see some people. 몇몇의 사람들이 보여요.

✔ I can see ~. 대신에 There is ~./ There are ~.(~이 있어요.)로 바꿔서 말할 수도 있어요.

> **ex** There is ~. ➡ 묘사하려는 대상이 하나일 때
> There are ~. ➡ 묘사하려는 대상이 여러 개일 때

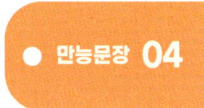

만능문장 04

사진의 왼쪽/오른쪽에는
on the left / right side of the picture

On the left / right side of the picture, there is a sidewalk.

사진의 왼쪽/오른쪽에는 인도가 있어요.

사진의 왼쪽이나 오른쪽에 있는 대상을 묘사할 때 자주 쓰는 만능문장이에요.

만능문장 05

~의 옆에 next to ~

Next to her, there is another woman.

그녀의 옆에 또 다른 여자가 있어요.

사진을 묘사할 때는 한 사람만 말하는 것보다, 그 옆에 있는 다른 대상도 함께 말해주면 묘사가 더 풍부해져요.

🍯 제니쌤의 한입 꿀팁

another는 'an + other'의 결합으로 '또 하나의' 또는 '하나 더 있는'이라는 뜻이에요. 보통 One is ~ and another is ~.(하나는 ~, 또 다른 하나는 ~)처럼 대비를 나타낼 때 자주 쓰여요.

ex One student is reading a book and another is taking notes.
한 학생은 책을 읽고 있고, 또 다른 학생은 메모를 하고 있어요.

표현	의미	예문
one	여러 명 중 하나	One is reading a book. 한 명은 책을 읽고 있어요
another	또 다른 하나	Another is looking at her smartphone. 또 다른 한 명은 스마트폰을 보고 있어요
the other	둘 중 나머지 하나	One is a man and the other is a woman. 한 명은 남자이고, 나머지 한 명은 여자예요.
the others	나머지 전부	Two are standing and the others are sitting on the grass. 두 명은 서 있고, 나머지 사람들은 잔디에 앉아 있어요

 ~의 뒤에 behind ~

Behind her, I can see two men standing.

그녀의 뒤에, 서 있는 두 명의 남자가 보여요.

사진 속 인물이나 사물의 뒤에 있는 대상을 말할 때 쓸 수 있는 만능문장이에요.

● 만능문장 07   ~ 중 대부분 most of ~

Most of them are wearing formal clothes.
그들 중 대부분은 정장을 입고 있어요.

---

most of them(그들 중 대부분)은 사진에 여러 사람이 나올 때 유용하게 쓸 수 있어요. 한 사람씩 설명하지 않고, 공통된 특징을 한 번에 말할 수 있어서 답변이 더 쉬워져요.

● 만능문장 08   ~ 중 일부 some of ~

Some of them are wearing casual clothes.
그들 중 일부는 캐주얼한 옷을 입고 있어요.

사진에 사람이 많을 때는 한 명씩 묘사하기보다, 복장처럼 공통된 특징을 기준으로 묶어 말하면 쉽게 설명할 수 있어요.

ex Some of them are wearing jackets. 그들 중 일부는 재킷을 입고 있어요.

입에 착붙 만능 VOCA

park 공원 foreground 전경, 앞쪽 middle 중앙 background 배경 fountain 분수대
left side 왼쪽 right side 오른쪽 another 또 다른 most of them 그들 중 대부분
wearing 입고 있는 formal clothes 정장 some of them 그들 중 일부
casual clothes 캐주얼 옷, 편한 옷

스피킹 SOS

왜 man은 men, woman은 women이라고 하나요? -s를 붙이면 안 되나요?

영어에서는 대부분 단어 뒤에 -s를 붙여 복수형을 만들지만, man과 woman은 불규칙 변화를 해요!

- man ➡ men
  한 명: There is a man. 한 남자가 있어요.
  여러 명: There are three men. 세 명의 남자가 있어요.
- woman ➡ women
  한 명: There is a woman. 한 여자가 있어요.
  여러 명: There are two women. 두 명의 여자가 있어요.

발음도 함께 기억해두면 말할 때 훨씬 자연스러워요!

- man [맨] ➡ men [멘]
- woman [우먼] ➡ women [위민]

발음에 주의해야 할 단어가 있나요?

장소를 나타내는 단어들 중에서 발음이 헷갈리기 쉬운 단어들을 익혀 두세요.

- café ➡ 캐페이 ('페'에 강세!)
- restaurant ➡ 레스터런트 ('레'에 강세, 끝소리는 '런트'처럼 부드럽게!)
- cafeteria ➡ 캐퍼티어리어 (천천히 발음하면 쉬워요!)

 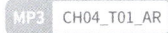

서론

This is a picture taken at a classroom.
파트2 만능문장 01

이것은 교실에서 찍힌 사진이에요.

VOCA classroom 교실

전체 요약

The first thing I can see in this picture is a man and a girl
파트2 만능문장 02
smiling at each other.

이 사진에서 가장 먼저 볼 수 있는 것은 서로 미소를 짓고 있는 남자와 여자아이예요.

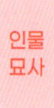

Next to the girl, there is a boy **looking at** a notebook.
파트2 만능문장 05   파트2 만능문장 09

여자아이의 옆에 공책을 보고 있는 남자아이가 있어요.

> **VOCA** notebook 공책

Most of them are wearing short-sleeved shirts.
파트2 만능문장 07

그들 중 대부분은 반팔 셔츠를 입고 있어요.

> **VOCA** short-sleeved 반팔의

In the foreground of the picture, I can see some pencils
파트2 만능문장 03
and papers on the desk.

사진의 전경에는 책상 위에 연필들과 종이들이 보여요.

In the background of the picture, there is a whiteboard
파트2 만능문장 03
on the wall.

사진의 배경에는 벽에 화이트보드가 있어요.

> **VOCA** whiteboard 화이트보드

CHAPTER 04

만능테마

만능테마 02 | 카페/레스토랑

 제니쌤의 말하기 출발선

이제부터는 장소별로 자주 쓰이는 만능문장을 배워볼 거예요.
장소에 따라 등장하는 인물들의 행동도 달라지기 때문에, 장소에 맞는 만능문장을 미리 익혀두면 훨씬 수월하게 말할 수 있어요.
이번에는 카페나 레스토랑 같은 음식점에서 자주 나오는 만능문장들을 연습해 봐요.
- 메뉴판을 보고 있는 손님
- 물을 마시고 있는 사람
- 계산대 앞에서 기다리는 모습

이런 장면들이 카페나 레스토랑 사진에서 등장하는 대표적인 모습이에요.
사진 속 인물들을 빠르게 관찰하고, 상황에 맞는 만능문장으로 정확하게 묘사하는 것이 중요해요. 그럼, 같이 연습해볼까요?

만능문장 보석함   MP3 CH04_T02

● 만능문장 09   ~을 보다 **look at**

She is **looking at** a menu.

그녀는 메뉴판을 보고 있어요.

사진 속 인물이 무언가를 바라보고 있을 때 쓸 수 있는 만능문장이에요.
특히 메뉴판이나 안내문을 보고 있는 장면에서 유용하게 쓸 수 있어요.

● 만능문장 10   ~을 적다 write down

He is **writing** something **down**.
그는 무언가를 적고 있어요.

사진 속 인물이 무언가를 메모하고 있을 때 쓸 수 있는 만능문장이에요. 예를 들어, 주문을 받아 적고 있는 직원이나 종이나 화이트 보드 위에 무언가를 필기하는 사람이 보일 때 사용해요. 보통 특정 문구를 그대로 적어서 기록할 때 이 표현을 사용해요.

● 만능문장 11   물을 마시다 drink some water

He is **drinking some water**.
그는 물을 마시고 있어요.

사진 속 인물이 물을 마시는 모습이 보일 때 쓸 수 있는 만능문장이에요. 물은 셀 수 없는 명사라서 앞에 some을 붙여 주면 더 자연스러워요. drinking water라고 해도 틀린 건 아니지만, drink some water가 훨씬 더 자주 쓰여요.

🧋 제니쌤의 한입 꿀팁

some은 '몇몇의', '약간의' 의미로 셀 수 있는 명사와 셀 수 없는 명사 앞에 모두 사용할 수 있어요.

ex There are some books on the table.
　　테이블 위에 몇 권의 책이 있어요. (셀 수 있는 명사)

　　She is drinking some coffee. 그녀는 커피를 마시고 있어요. (셀 수 없는 명사)

● 만능문장 12

고객들에게 음식을 제공하다
serve food to customers

She is **serving food to customers**.

그녀는 고객들에게 음식을 제공하고 있어요.

사진 속 인물이 손님에게 음식을 가져다주고 있는 장면에서 쓸 수 있는 만능문장이에요.

● 만능문장 13

컵을 들다 hold a cup

She is **holding a cup**.

그녀는 컵을 들고 있어요.

사진 속 인물이 앉아서 두 손으로 컵을 잡고 있거나, 한 손으로 컵을 든 채 이야기를 나누고 있는 모습이 보일 때 잘 어울리는 만능문장이에요.

 제니쌤의 한입 꿀팁

hold는 무언가를 들고 있는 상태를 말할 때 써요.

ex hold a book 책을 들다
　　　hold a cellphone 휴대전화를 들다

● 만능문장 **14**　　계산대에 서다 stand at the cashier

They are **standing at the cashier**.

그들은 계산대에 서 있어요.

사진 속 인물이 계산대 앞에 서 있을 때 쓸 수 있는 만능문장이에요.

🍯 제니쌤의 한입 꿀팁

cashier는 원래 '계산원(사람)'을 뜻하지만, 이 문장에서는 '계산대(장소)'를 말해요. 아래와 같은 표현도 함께 익혀두면 좋아요.

> **ex** wait at the cashier 계산대에서 기다리다
> stand in line at the cashier 계산대에서 줄 서 있다
> hand over the credit card at the cashier 계산대에서 신용카드를 건네다

● 만능문장 **15**　　대화를 나누다 have a conversation

They are **having a conversation**.

그들은 대화를 나누고 있어요.

사진 속 인물들이 서로 마주 보며 이야기하는 장면일 때 쓸 수 있어요.

● 만능문장 16   ~안을 들여다보다 look into ~

She is **looking into** a bag.

그녀는 가방 안을 들여다보고 있어요.

사진 속 인물이 가방이나 상자, 서랍처럼 안이 보이지 않는 곳을 들여다보는 장면일 때 쓸 수 있어요. 무언가를 보기 위해 고개를 숙이거나 몸을 기울이는 동작이 함께 보일 때 자주 사용돼요.

🍯 제니쌤의 한입 꿀팁

look into는 무언가의 안쪽을 자세히 들여다볼 때 쓰는 표현이에요.
- **ex** look into a box 상자 안을 들여다보다
- look into the fridge 냉장고 안을 들여다보다

● 만능문장 17   고객들을 돕다 help customers

He is **helping customers**.

그는 고객들을 돕고 있어요.

사진 속 인물이 손님에게 무언가를 도와주고 있는 장면일 때 쓸 수 있는 만능문장이에요. 예를 들어, 점원이 손님에게 안내하거나 물건을 챙겨주는 모습에서 쓸 수 있어요.

● 만능문장 18   테이블에 앉다 sit at a table

They are **sitting at a table**.

그들은 테이블에 앉아 있어요.

사진 속 인물이 테이블에 앉아 있는 상황을 묘사할 때 쓰는 기본적인 만능문장이에요.

🍯 제니쌤의 한입 꿀팁

전치사 at은 '~에', '~ 자리에서'라는 위치를 강조할 때 써요.

ex sit at a desk 책상에 앉아 있다

🍊 입에 착붙 만능 VOCA

look at ~을 보다 menu 메뉴판 write down ~을 적다 something 무언가
drink 마시다 serve (음식 등을) 제공하다, 서빙하다 customer 고객 hold 들다
cashier 계산대, 계산원 conversation 대화 look into ~을 들여다보다 help 돕다

스피킹 SOS

현재형과 현재진행형, 언제 써야 하나요?

현재형과 현재진행형은 둘 다 현재 시점을 나타내지만, 사진을 묘사할 때 쓰임새가 명확히 달라요.
현재형은 외모, 감정, 소유처럼 계속 유지되는 부분을 표현하고, 현재진행형은 지금 이 순간 하고 있는 동작을 말할 때 사용할 수 있어요.
예를 들어, 금발머리의 여자가 사진 속에 보인다면
✗ She is have blond hair.
○ She has blond hair. 그녀는 금발 머리에요.
이렇게 현재형으로 말해야 해요. 더 자세히 알아볼까요?

현재형

쓰임새	예문
감정	They look excited. 그들은 신나 보여요.
소유	He has a bag. 가방을 가지고 있어요.

현재진행형

쓰임새	예문
동작	She is holding a cup. 그녀는 컵을 들고 있어요. He is wearing glasses. 그는 안경을 쓰고 있어요.

🍯 제니쌤의 한입 꿀팁

- 원래부터 가지고 있는 특징(머리색, 키, 감정, 소유물 등)은 현재형으로 말해요.
- 사진 속 인물이 '지금 하고 있는 일'을 말할 때는 무조건 현재진행형으로 표현해요.

서론

This is a picture taken at a café.
파트2 만능문장 01

이것은 카페에서 찍힌 사진이에요.

전체 요약

The first thing I can see in this picture is some people
파트2 만능문장 02
sitting at a big wooden table.
파트2 만능문장 18 변형

이 사진에서 가장 먼저 볼 수 있는 것은 큰 나무 테이블에 앉아 있는 사람들이에요.

> **VOCA** wooden 나무의

인물 묘사

Most of them are using their laptops.
파트2 만능문장 07

그들 중 대부분은 노트북을 사용하고 있어요.

> **VOCA** laptop 노트북

인물 묘사

Two men are **having a conversation**.
　　　　　　　　　파트2 만능문장 15

두 명의 남자가 대화를 나누고 있어요.

A woman is **holding a yellow cup** and **drinking some coffee**.
　　　　　　파트2 만능문장 13 변형　　　　　파트2 만능문장 11 변형

한 여자가 노란 컵을 들고 커피를 마시고 있어요.

In the background, another woman is **serving drinks to a customer** with a smile.
파트2 만능문장 03 변형　　　　　　　　　파트2 만능문장 12 변형

배경에는 또 다른 여자가 미소를 지으며 손님에게 음료를 제공하고 있어요.

CHAPTER 04

만능테마

만능테마 03 | 상점/쇼핑몰

 제니쌤의 말하기 출발선

이번에는 상점이나 쇼핑몰에서 자주 보이는 장면들을 묘사해 볼 거예요.
- 물건을 살펴보며 고르는 모습
- 계산하려고 줄을 서 있는 모습
- 쇼핑 카트를 밀고 있는 모습

이런 문제들이 자주 출제되기 때문에 딱 맞는 만능문장을 미리 익혀두면 정말 유용하답니다.
이번에는 물건을 찾고(look for), 카트를 밀고(push a cart), 손을 뻗는(reach for) 모습까지 정확히 묘사할 수 있는 표현들을 배워볼 거예요.
그럼 같이 시작해 볼게요!

 만능문장 보석함 MP3 CH04_T03

● 만능문장 **19**   찾다 look for

He is **looking for** something.

그는 무언가를 찾고 있어요.

이 만능문장은 사진 속 인물이 진열대나 선반을 살펴보면서 무언가를 찾고 있을 때 쓸 수 있어요.
이때 for 다음에 정확한 물건 이름을 언급해도 좋지만, 찾고 있는 물건이 잘 보이지 않는다면 something(무언가)이라고 말해도 괜찮아요.

● 만능문장 **20**　　건네다 hand over

He is **handing over** a credit card.

그는 신용카드를 건네주고 있어요.

이 만능문장은 사진 속 인물이 계산대 앞에서 카드를 내밀고 있는 장면에 잘 어울려요. 특히 계산하거나 결제를 하기 위해 점원에게 카드를 건네는 모습을 설명할 때 자주 사용돼요.

● 만능문장 **21**　　카트를 밀다 push a cart

He is **pushing a cart**.

그는 카트를 밀고 있어요.

이 만능문장은 사진 속 인물이 마트나 쇼핑몰 안에서 카트를 끌고 가는 장면에 잘 어울려요. 양손으로 손잡이를 잡고 앞으로 밀고 있는 모습이라면 바로 이 표현을 쓸 수 있어요. 쇼핑 카트처럼 크고 무거운 걸 미는 장면뿐 아니라, 문을 열거나 버튼을 누를 때도 push(밀다, 누르다)라는 동사를 사용할 수 있어요.

ex He is pushing a button on the machine.
　　그는 기계의 버튼을 누르고 있어요.

만능문장 22   제품을 보다 look at a product

He is **looking at a product**.
그는 제품을 보고 있어요.

이 만능문장은 사진 속 인물이 쇼핑하기 위해 진열된 물건을 유심히 바라보고 있을 때 자주 써요. 예를 들어, 옷을 들여다보거나, 전자기기를 살펴보는 모습처럼 무언가를 고르고 있는 장면에 잘 어울리는 표현이에요.

🍯 제니쌤의 한입 꿀팁
사진 속 물건이 뚜렷하다면 product 대신 구체적인 이름으로 바꿔서 쓸 수도 있어요.
ex He is looking at a jacket. 그는 재킷을 보고 있어요.
    She is looking at a smartphone. 그녀는 스마트폰을 보고 있어요.

만능문장 23   줄을 서서 기다리다 wait in line

They are **waiting in line**.
그들은 줄을 서서 기다리고 있어요.

이 만능문장은 사진 속 인물들이 계산대나 매장 앞에서 차례를 기다리고 있을 때 잘 어울려요. 다같이 일렬로 서 있는 모습이나 질서 있게 대기 중인 장면이 보이면 바로 이 만능문장을 활용할 수 있어요.

만능문장 24 · 물건들을 정리하다 arrange items

They are arranging items.

그들은 물건들을 정리하고 있어요.

이 만능문장은 사진 속 인물들이 선반이나 진열대 위에 물건을 차곡차곡 정리하고 있을 때 잘 어울려요.
예를 들어, 직원이 제품을 진열하거나, 책상 위 물건을 정돈하는 장면에서 자주 쓰여요. 정리하고 있는 물건이 무엇인지 정확히 모를때는 items(물건, 항목)라는 단어를 쓰면 간편하고 자연스러워요.

만능문장 25 · 쇼핑백을 들다 hold a shopping bag

She is holding a shopping bag.

그녀는 쇼핑백을 들고 있어요.

이 만능문장은 사진 속 인물이 손에 쇼핑백을 들고 있는 장면에서 쓰여요. 쇼핑을 마치고 나오는 모습이나 계산을 마치고 점원에게 물건을 받은 상황에서 잘 어울려요.

🧃 제니쌤의 한입 꿀팁

쇼핑백 말고도 쇼핑 카트를 잡고 서 있는 장면도 자주 등장해요. 이럴 때도 동사 hold(잡다, 들다)를 사용할 수 있어요.

ex He is holding a shopping cart. 그는 쇼핑 카트를 잡고 있어요.

만능문장 26 — 손을 뻗다 reach for

He is **reaching for** an item.
그는 물건을 집으려고 손을 뻗고 있어요.

사진 속 인물이 진열대 위의 물건을 집으려는 모습, 손이 어떤 물건에 가까워지고 있는 장면에서 자연스럽게 쓸 수 있어요.

만능문장 27 — 비닐봉지를 들다 hold a plastic bag

He is **holding a plastic bag**.
그는 비닐봉지를 들고 있어요.

이 만능문장은 사진 속 인물이 비닐봉지를 들고 있는 장면에 잘 어울려요.

입에 착붙 만능 VOCA

look for ~을 찾다 product 제품 wait in line 줄을 서서 기다리다
arrange 정리하다, 배열하다 item 물건, 항목 shopping bag 쇼핑백
reach for ~을 잡으려고 손을 뻗다 plastic bag 비닐봉지

 스피킹 SOS

 사진 속 물건이 무엇인지 잘 모를 땐 어떻게 하면 되나요?

사진 속 인물과 함께 있는 물건이 정확하게 보일 때는 구체적인 단어로 묘사하면 되지만, 정확하게 보이지 않을 땐 something(무언가)이라는 단어로 표현할 수 있어요.

사진 속 물건이 애매할 때	사진 속 물건이 정확할 때
He is holding something. 그는 무언가를 들고 있어요.	He is holding a shopping bag. 그는 쇼핑백을 들고 있어요.
She is handing over something. 그녀는 무언가를 건네고 있어요.	She is handing over a credit card. 그녀는 신용카드를 건네고 있어요.

 사진 묘사, 어떻게 **마무리**하면 좋을까요?

사진을 설명하다 보면 어떻게 마무리해야 할지 고민될 때가 있어요. 이럴 땐 Overall, it looks/seems like ~.(전반적으로 볼 때, ~인 것 같아요.) 같은 표현을 활용하면 자연스럽게 마무리할 수 있어요.

ex Overall, it looks like he is enjoying his coffee break.
전반적으로 볼 때, 그는 커피 휴식을 즐기고 있는 것 같아요.

Overall, it seems like she is waiting for someone.
전반적으로 볼 때, 그녀는 누군가를 기다리고 있는 것 같아요.

이 문장은 1인 사진처럼 묘사할 내용이 적은 경우, 유용하게 사용할 수 있어요. 하지만 사진 속 인물이 2명 이상이거나 묘사할 정보가 충분할 경우에는 굳이 덧붙이지 않고 자연스럽게 끝내는 것이 더 깔끔해요.

서론

This is a picture taken in a grocery store.
파트2 만능문장 01

이것은 식료품점 안에서 찍힌 사진이에요.

전체 요약

The first thing I can see in this picture is a woman
파트2 만능문장 02

handing over a credit card to the cashier.
파트2 만능문장 20

사진에서 가장 먼저 볼 수 있는 것은 계산원에게 신용카드를 건네고 있는 한 여자예요.

인물 묘사

The cashier is smiling and **reaching for** the card.
파트2 만능문장 26

계산원은 웃고 있으며, 카드를 받으려고 손을 뻗고 있습니다.

Behind her, a man and a woman are **waiting in line**.
파트2 만능문장 06   파트2 만능문장 23

그녀의 뒤에, 한 남자와 여자가 줄을 서서 기다리고 있어요.

Both are holding their shopping cart and looking at the counter.
파트2 만능문장 25 변형   파트2 만능문장 22 변형

두 사람 모두 쇼핑카트를 잡고 계산대를 바라보고 있어요.

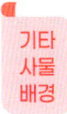
In the background of the picture, I can see a lot of products arranged on the shelves.
파트2 만능문장 03

사진 배경에는 진열대에 정리된 제품들이 많이 보여요.

만능테마 04 | 사무실/회의실

제니쌤의 말하기 출발선

Part2 사진 묘사하기 유형에서는 사무실이나 회의실을 배경으로한 비즈니스 상황도 자주 등장해요.
- 발표자가 보드 앞에서 프레젠테이션하고 있는 모습
- 누군가 손을 들고 질문하는 모습
- 사람들이 테이블에 앉아서 문서를 보고 있는 모습

이런 장면들에서는 발표하기(make a presentation), 손 들기(raise his hand), 문서 읽기(read a document) 같은 표현들을 자연스럽게 활용하면 좋아요.
이번에는 이런 사무실과 회의실 상황에서 꼭 필요한 만능문장을 하나씩 꺼내서 말해보는 연습을 해 볼게요!

MP3 CH04_T04

만능문장 28   손을 들다 raise his hand

He is raising his hand.

그는 한 손을 들고 있어요.

이 만능문장은 사진 속 인물이 질문하거나 발표하는 장면에서 자주 써요.
예를 들어, 회의실에서 누군가 질문하려고 손을 드는 모습이 있다면 이 표현이 딱이에요.

● 만능문장 29　문서를 들다 hold a document

She is **holding a document**.
그녀는 문서를 들고 있어요.

이 만능문장은 누군가가 종이나 문서를 들고 있는 장면에서 쓸 수 있어요.

🍯 제니쌤의 한입 꿀팁
물건을 가리킬 때, 새로 등장하는 명사 앞에는 a, 이미 나온 건 the를 붙여 말해요.
ex 문서를 처음 말할 때 ➡ a document
　　두 번째 말할 때 ➡ the document

● 만능문장 30　발표를 하다 make a presentation

He is **making a presentation**.
그는 발표를 하고 있어요.

이 만능문장은 회의실에서 누군가 앞에 서서 설명하거나 발표하는 장면에서 쓸 수 있어요. 발표의 내용과 상관없이 폭넓게 적용해서 사용할 수 있어요.

🍯 제니쌤의 한입 꿀팁
make a presentation 대신 give a presentation이라고 말해도 좋아요.
ex He is giving a presentation in front of people.
　　그는 사람들 앞에서 발표를 하고 있어요.

만능문장 31   태블릿을 사용하다 use a tablet PC

He is **using a tablet PC**.
그는 태블릿을 사용하고 있어요.

이 만능문장은 회의 중 누군가가 태블릿을 보고 있을 때 쓸 수 있어요.
tablet PC 외에 노트북은 a laptop, 데스크탑 컴퓨터는 a desktop computer라고 표현할 수 있어요.

만능문장 32   문서를 읽다 read a document

They are **reading a document**.
그들은 문서를 읽고 있어요.

이 만능문장은 사진 속 인물들이 테이블에 둘러앉아 문서를 들여다보고 있을 때 쓸 수 있어요. 사람들이 문서를 손에 든 채 함께 토론하는 장면에서 잘 어울려요.

만능문장 33   옷걸이에 옷을 걸다
hang his clothes on a rack

He is hanging his clothes on a rack.

그는 옷걸이에 옷을 걸고 있어요.

사무실에 옷걸이가 보이고, 그 앞에서 누군가 옷을 정리하고 있는 장면에서 쓸 수 있는 만능문장이에요. 출근하거나 회의실에 들어가기 전, 사진 속 인물이 외투를 벗어서 거는 모습이 보이면 사용할 수 있어요.

만능문장 34   종이 한 장을 줍다 pick up a piece of paper

She is picking up a piece of paper.

그녀는 종이 한 장을 줍고 있어요.

바닥이나 낮은 곳에서 무언가를 집어 올릴 때 pick up(줍다)을 쓸 수 있어요. 사진 속 인물이 회의실 바닥에서 종이를 줍는 장면에 이 만능문장이 딱 어울려요.

🍯 제니쌤의 한입 꿀팁

a paper는 틀린 표현이에요.
종이는 셀 수 없는 명사라서, 한 장을 말할 땐 꼭 a piece of paper라고 해야 해요.

> **ex** a piece of paper 종이 한 장
>> ➡ She is picking up a piece of paper. 그녀는 종이 한 장을 줍고 있어요.
>
> two pieces of paper 종이 두 장
>> ➡ He needs two pieces of paper. 그는 종이 두 장이 필요해요.

입에 착붙 만능 VOCA

raise (손 등을) 들다 document 문서, 서류 presentation 발표 tablet PC 태블릿
hang 걸다 clothes 옷 rack 옷걸이, 선반 pick up 줍다 a piece of paper 종이 한 장

 스피킹 SOS

 **사람 뒤에 동작을 붙이면,
더 자세하게 묘사할 수 있어요!**

사진 속 인물을 묘사할 때, 단순히 a man이라고만 하지 않고 그 사람이 무엇을 하고 있는지까지 함께 말하면, 훨씬 유창하게 들려요.

ex a man ➡ a man **holding a document**
　　　　　　문서를 들고 있는 한 남자

　　a woman ➡ a woman **raising her hand**
　　　　　　　손을 들고 있는 한 여자

이렇게 '동사+ing' 형태를 사용하여 동작을 덧붙이면, 더욱 구체적으로 묘사할 수 있어요.

그렇다면 똑같이 '동사+ing' 형태를 사용하는 현재진행형과는 무엇이 다를까요? 현재진행형은 '완전한 문장'을 만든다는 점이 달라요.

ex She is raising her hand. 그녀는 손을 들고 있어요.
　　➡ 완전한 문장

　　a woman raising her hand 손을 들고 있는 한 여자
　　➡ 사람(a woman)을 꾸며주는 표현

사진을 묘사할 때 두 가지 표현 방식을 장면에 맞게 골라 쓴다면 훨씬 유창하게 말할 수 있어요.

서론

This is a picture taken in a meeting room.
파트2 만능문장 01

이 사진은 회의실에서 찍힌 사진이에요.

전체 요약

The first thing I can see in this picture is a man making a
파트2 만능문장 02   파트2 만능문장 30

presentation in front of a board.

이 사진에서 가장 먼저 볼 수 있는 것은 보드 앞에서 발표를 하고 있는 한 남자예요.

> VOCA in front of ~의 앞에

인물 묘사

He is holding a document and explaining something.
파트2 만능문장 29

그는 서류를 들고 무언가를 설명하고 있어요.

> VOCA explain 설명하다

인물 묘사

On the right side of the picture, a woman is **raising her hand** to ask a question.
파트2 만능문장 04 　　　　　　　　　　　파트2 만능문장 28 변형

사진의 오른쪽에는 한 여자가 질문을 하기 위해 한 손을 들고 있어요.

VOCA question 질문, 문제

Other people are **sitting around the table** and listening to her.
　　　　　　　　　　파트2 만능문장 18 변형

다른 사람들은 테이블 주변에 앉아 그녀의 말을 듣고 있어요.

On the left side of the picture, another man is **using a laptop** during the meeting.
파트2 만능문장 04 　　　　　　　　　　파트2 만능문장 31 변형

사진의 왼쪽에는 또 다른 남자가 회의 중에 노트북을 사용하고 있어요.

VOCA during ~중에, ~동안

CHAPTER 04

만능테마

만능테마 05 | 거리/야외

제니쌤의 말하기 출발선

실내뿐만 아니라 거리, 공원, 강가와 같은 야외 공간을 배경으로 한 장면도 출제될 수 있어요. 이 역시 사람들의 행동을 중심으로 묘사하는 게 중요해요.
- 반려견을 산책시키고 있는 모습
- 해변에서 쉬고 있는 모습
- 유모차를 밀고 있는 모습

이런 구체적인 동작들이 사진에 자주 등장해요. 그럼 이런 장면들을 생생하게 표현할 수 있는 만능문장들을 함께 살펴볼까요?

만능문장 보석함

만능문장 35 — 사진을 찍다 take a picture

There is a man taking a picture.
사진을 찍고 있는 한 남자가 있어요.

이 만능문장은 공원, 해변 등 야외 장소에서 사람이 카메라나 스마트폰을 들고 사진을 찍는 모습이 보일 때 쓸 수 있어요. 이 만능문장을 그대로 사용해도 충분하지만, 앞서 배웠던 현재진행형 문장으로 묘사해도 좋아요.

ex A man is taking a picture. 한 남자가 사진을 찍고 있어요.

만능문장 36 — 개를 산책시키다 walk a dog

She is walking a dog.

그녀는 개를 산책시키고 있어요.

사진 속 인물이 개를 데리고 걷고 있는 모습이 보일 때 쓸 수 있는 만능문장이에요.

만능문장 37 — 바닥에 눕다 lie on the ground

He is lying on the ground.

그는 바닥에 누워 있어요.

사진 속 인물이 바닥이나 잔디 위에 등을 대고 누워 있는 모습이 보일 때 쓸 수 있는 만능문장이에요.
- 공원에서 잔디에 누워 쉬고 있는 장면
- 해변가 모래 위에 편하게 누운 모습
- 운동 후 바닥에 누워 있는 모습

장소에 따라 lie on the grass(잔디 위에 눕다), lie on the sand(모래 위에 눕다)처럼 다양하게 표현할 수 있어요.

만능문장 38   유모차를 밀다 push a baby stroller

She is pushing a baby stroller.

그녀는 유모차를 밀고 있어요.

이 만능문장은 아이를 태운 유모차를 길에서 밀고 가는 인물을 묘사할 때 사용할 수 있어요.

만능문장 39   보트를 타다 ride a boat

He is riding a boat.

그는 보트를 타고 있어요.

강이나 호수, 바닷가 등에서 보트를 타고 있는 인물을 묘사할 때 쓸 수 있는 만능문장이에요.
- 강에서 보트를 저으며 물살을 가르는 사람
- 해변 근처에서 보트를 타는 관광객

이 만능문장 뒤에 장소 표현을 덧붙이면 더 구체적인 묘사가 가능해요.

> **ex**   on a river 강에서
> on a lake 호수에서
> at the beach 해변에서

● 만능문장 **40**　　상자를 싣다 load a box

He is **loading a box into a truck**.
그는 트럭에 상자를 싣고 있어요.

거리를 배경으로 한 사진에서는 인물이 상자나 물건을 차량에 실어 나르는 장면도 나올 수 있어요.
주로 트럭, 밴, 카트처럼 물건을 실을 수 있는 운송 수단이 함께 등장해요.
- 창고 앞에서 트럭에 상자를 옮기는 직원
- 상자를 들고 배 쪽으로 이동하는 사람
- 카트에 짐을 차곡차곡 싣는 모습

이럴 땐 load ... into ~ (…를 ~에 싣다)를 활용하여 다양하게 문장을 만들 수 있어요.
- **ex** She is loading boxes into a cart. 그녀는 카트에 상자들을 싣고 있어요.

● 만능문장 **41**　　쉬다 relax

He is **relaxing** on a beach chair.
그는 해변 의자에서 쉬고 있어요.

해변, 공원, 강가, 캠핑장처럼 휴식 공간이 배경인 사진에서 느긋하게 쉬고 있는 인물의 모습을 묘사할 때 유용한 만능문장이에요.
'relax + 장소' 표현으로 다양하게 활용할 수 있어요.
- **ex** She is relaxing on the grass. 그녀는 잔디 위에서 쉬고 있어요.
  They are relaxing by the river. 그들은 강가에서 쉬고 있어요.

만능문장 42   계단을 내려가다 walk down the stairs

They are walking down the stairs.

그들은 계단을 내려가고 있어요.

---

stair는 계단 한 칸을 의미하기 때문에, '계단을 내려가다'라고 표현할 때는 stairs처럼 복수형을 써야 해요.
반대로 '계단을 올라가다'고 말할 때는 walk up the stairs를 쓰면 돼요.
ex A woman is walking up the stairs. 한 여자가 계단을 올라가고 있어요.

만능문장 43   길을 건너다 cross the street

They are crossing the street.

그들은 길을 건너고 있어요.

사진 속 인물이 길, 횡단보도, 다리를 건너는 장면이 보인다면, walk 대신 cross라는 동사를 써야 더 정확하게 묘사할 수 있어요. walk는 '걷다', cross는 '건너다'라는 의미 차이가 있어요.

● 만능문장 **44** 　길을 걷다 walk on the street

They are **walking on the street**.

그들은 길을 걸어가고 있어요.

사진에서 사람들이 길을 걷고 있을 때 쓸 수 있는 만능문장이에요.
앞서 등장한 cross the street와는 달리 walk 뒤에 전치사 on이 꼭 붙어야 해요.
전치사 on은 길(street), 다리(bridge), 도로(road)처럼 평평한 표면 위를 걷는다는 느낌을 줄 때 사용해요.

ex　walk on the bridge 다리 위를 걷다
　　　walk on the road 도로 위를 걷다

● 만능문장 **45** 　스마트폰을 보다 look at a smartphone

She is **looking at a smartphone**.

그녀는 스마트폰을 보고 있어요.

야외 공간에서도 스마트폰을 바라보고 있는 모습은 종종 등장하는데, 이때 사용할 수 있는 만능문장이에요.
이때도 역시 이 만능문장 뒤에 장소 표현을 덧붙일 수 있어요.

ex　She is looking at a smartphone on the street.
　　　그녀는 길 위에서 스마트폰을 보고 있어요.

만능문장 46 · 공연하다 perform

They are performing.
그들은 공연하고 있어요.

사진 속 인물이 노래를 부르거나, 악기를 연주하거나, 춤을 추고 있다면 공연의 주제와는 상관없이 이 만능문장을 쓸 수 있어요.
더 구체적으로 말하고 싶을 땐, 공연 장소나 대상, 공연 내용을 덧붙일 수도 있어요.

> **ex** They are performing on a stage. 그들은 무대 위에서 공연하고 있어요.
> They are performing in front of an audience.
> 그들은 관객 앞에서 공연하고 있어요.
> They are performing a dance performance.
> 그들은 댄스 공연을 하고 있어요.

입에 착붙 만능 VOCA

take a picture 사진을 찍다 walk a dog 개를 산책시키다 lie 눕다 ground 바닥, 땅
push 밀다 baby stroller 유모차 ride 타다 boat 보트 load (짐 등을) 싣다
beach chair 해변 의자 walk down 걸어 내려가다 cross 건너다, 횡단하다
walk on ~위를 걷다 smartphone 스마트폰 perform 공연하다

🚨 스피킹 SOS

구체적인 이름이 헷갈릴 땐, 더 큰 범위의 말로 바꿔 보세요!

사진 속 물건이 무엇인지 헷갈릴 때 something으로 말해도 된다고 했던 내용 기억하나요? 이번에는 사진 속 물건이 무엇인지는 알겠는데 영어 이름이 떠오르지 않을 때 대처할 수 있는 만능 방법을 알려줄게요. 이럴 때는 그 물건의 상위 개념으로 바꾸어 말하면 돼요.

예를 들어, 사진 속에 망치가 보이는데 망치가 영어로 생각이 안 날 때는 망치를 포함하는 더 큰 상위 개념의 명사로 표현하는 것이 간단하고 시간도 절약할 수 있어요.

- hammer 망치, screwdriver 드라이버, drill 드릴
  ➡ a tool 도구
- cardigan 가디건, sleeveless shirt 민소매 셔츠
  ➡ clothes 의류
- cutting board 도마, ladle 국자, pot 냄비
  ➡ a kitchen tool 주방 도구

이렇게 상위 개념을 나타내는 단어들을 익혀두면, 당황스러운 순간에 유용하게 써먹을 수 있어요.

**여러 명이 등장하는 사진,
인물 하나하나 다 설명할 필요 없어요!**

사진에 인물들이 여러 명 나온다고 해서 전부 설명하려고 애쓰다 보면 시간이 부족할 뿐더러 실수를 범할 수도 있어요.
이럴 땐 비슷한 행동을 하거나 눈에 띄는 공통점이 있다면, they/some people/two women처럼 주어를 묶어서 간결하게 표현하는 것이 훨씬 자연스럽고 유창하게 들려요.

- 공원에서 다 같이 걷고 있는 모습
    ➡ **Some people are walking in the park.**
    몇몇 사람들이 공원에서 걷고 있어요.

    반려견과 함께 걷든 스마트폰을 보며 걷든 사람들 각각의 걷는 모습이 달라도 상관없어요. 걷고 있다는 공통점을 묶어서 말해요.

- 테이블에 다 같이 앉아 있는 모습
    ➡ **They are sitting around the table.**
    그들은 테이블 주변에 앉아 있어요.

    누군가는 음료를 마시고, 다른 사람은 대화를 나누고 있어도 OK! 테이블에 앉아 있다는 공통점을 설명하면 돼요.

- 같은 색의 옷을 입고 있는 모습
    ➡ **Two women are wearing white blouses.**
    두 명의 여자가 흰 블라우스를 입고 있어요.

    인물들의 행동이나 동작이 달라도 입고 있는 옷차림에서 공통점을 찾을 수 있다면 그 부분을 언급해요.

서론

This is a picture taken outdoors.
파트2 만능문장 01

이것은 야외에서 찍힌 사진이에요.

전체 요약

The first thing I can see in this picture is a woman lying on the grass.
파트2 만능문장 02
파트2 만능문장 37 변형

사진에서 가장 먼저 보이는 것은 잔디 위에 누워 있는 한 여자예요.

인물 묘사

She is looking at her smartphone.
파트2 만능문장 45 변형

그녀는 그녀의 스마트폰을 보고 있어요.

Behind the woman, there are two other women.
파트2 만능문장 06

그 여자 뒤에는 다른 두 명의 여자가 있어요.

They are smiling and looking at the smartphone, too.
파트2 만능문장 45 변형

그들 역시 미소를 지으며 스마트폰을 보고 있어요.

All of them have long hair and are relaxing outside.
파트2 만능문장 41

그들 모두 긴 머리이고, 휴식을 취하고 있어요.

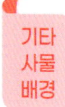
In the background, there is grass and some trees.
파트2 만능문장 03 변형

배경에는 잔디와 나무 몇 그루가 있어요.

CHAPTER 04

만능테마

핵심 VOCA 보물창고

만능테마 01

- [ ] park — 공원
- [ ] foreground — 전경, 앞쪽
- [ ] middle — 중앙
- [ ] background — 배경
- [ ] fountain — 분수대
- [ ] left side — 왼쪽
- [ ] right side — 오른쪽
- [ ] another — 또 다른
- [ ] most of them — 그들 중 대부분
- [ ] wearing — 입고 있는
- [ ] formal clothes — 정장
- [ ] some of them — 그들 중 일부
- [ ] casual clothes — 캐주얼 옷, 편한 옷
- [ ] classroom — 교실
- [ ] notebook — 공책
- [ ] short-sleeved — 반팔의
- [ ] whiteboard — 화이트보드

만능테마 02

- [ ] look at — ~을 보다
- [ ] menu — 메뉴판
- [ ] write down — ~을 적다
- [ ] something — 무언가
- [ ] drink — 마시다
- [ ] serve — (음식 등을) 제공하다, 서빙하다
- [ ] customer — 고객
- [ ] hold — 들다
- [ ] cashier — 계산대, 계산원
- [ ] conversation — 대화
- [ ] look into — ~을 들여다보다
- [ ] help — 돕다
- [ ] wooden — 나무의
- [ ] laptop — 노트북

만능테마 03

- [ ] look for — ~을 찾다
- [ ] product — 제품
- [ ] wait in line — 줄을 서서 기다리다
- [ ] arrange — 정리하다, 배열하다
- [ ] item — 물건, 항목
- [ ] shopping bag — 쇼핑백
- [ ] reach for — ~을 잡으려고 손을 뻗다

- [ ] plastic bag   비닐봉지

만능테마 04

- [ ] raise   (손 등을) 들다
- [ ] document   문서, 서류
- [ ] presentation   발표
- [ ] tablet PC   태블릿
- [ ] hang   걸다
- [ ] clothes   옷
- [ ] rack   옷걸이, 선반
- [ ] pick up   줍다
- [ ] a piece of paper   종이 한 장
- [ ] in front of   ~의 앞에
- [ ] explain   설명하다
- [ ] question   질문, 문제
- [ ] during   ~중에, ~동안

만능테마 05

- [ ] take a picture   사진을 찍다
- [ ] walk a dog   개를 산책시키다
- [ ] lie   눕다
- [ ] ground   바닥, 땅
- [ ] push   밀다
- [ ] baby stroller   유모차
- [ ] ride   타다

- [ ] boat   보트
- [ ] load   (짐 등을) 싣다
- [ ] beach chair   해변 의자
- [ ] walk down   걸어 내려가다
- [ ] cross   건너다, 횡단하다
- [ ] walk on   ~위를 걷다
- [ ] smartphone   스마트폰
- [ ] perform   공연하다

APPENDIX

지문 읽기
Part 1

[APPENDIX] 지문 읽기

제니쌤의 해설 강의
보러 가기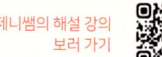

지금까지 배운 문장들, 머릿속 ZIP 파일에 잘 저장되었나요?
이제 ZIP 파일을 열고, 입으로 꺼내서 큰 소리로 말해보는 마지막 연습을 해볼 거예요.

📷 문제 유형 스냅샷

Part1 지문 읽기 유형은 문장을 소리 내어 읽는 유형이에요.
실제 시험에서는 광고문, 안내문, 공지문과 같은 지문 2개가 차례로 출제되고, 각 문항마다 45초 동안 준비하고 45초 동안 읽는 순서로 진행돼요.
발음, 억양, 끊어 읽기 같은 기본 포인트를 지키면서, 문장을 자신감 있게 읽는 것이 중요해요.
이 책에서는 Part1 지문 읽기 유형을 말하기 정리 연습으로 활용할 거예요.
지금까지 익힌 문장을 소리 내어 말하며 정리하는 마지막 시간!
짧지만 중요한 연습이니, 아래 기본 포인트들을 유념하면서 큰 소리로 연습해 보세요.

시간 잡는 시계토끼 만능스킬

01 억양(Intonation), 문장의 느낌을 살려줘요

억양은 말할 때 목소리가 올라가거나 내려가는 흐름이에요. 같은 문장도 억양에 따라 느낌이 달라져요. Part1 지문 읽기 유형에서는 **의문문은 끝을 올리고, 평서문은 끝을 내려서 읽는다는 점만 잘 기억**해 두면 좋아요.

❶ 의문문은 끝을 올리기

질문할 때는 문장 끝을 살짝 올려 읽어요.

Do you like watching movies ↗?

영화 보는 것을 좋아하시나요?

➡ 마지막 단어 **movies**를 올려서 말해요.

❷ **평서문은 끝을 내리기**

사실을 말하는 문장(= 평서문)은 끝을 내려 읽어요.

I usually go to the movies on weekends ↘.

저는 보통 주말에 영화를 보러 가요.

➡ weekends에서 문장 끝을 살짝 내려서 말해요.

02 강세(Stress), 중요한 단어에 힘을 주세요

강세는 문장에서 의미 있는 단어에 살짝 힘을 주어 말하는 것이에요.

The first thing I can see is a man giving a presentation.

가장 먼저 볼 수 있는 것은 발표를 하고 있는 한 남자예요.

이 문장에서 first, man, presentation 같은 핵심 단어에 힘을 주면, 답변의 흐름이 또렷해지고 더 자연스럽게 들려요.

한 단어 안에서도 강세를 두는 부분이 있어요.
- photo ➡ PHO-to (앞에 강세)
- computer ➡ com-PU-ter (가운데 강세)
- engineer ➡ engi-NEER (끝에 강세)

03 끊어 읽기(Pausing), 문장을 더 자연스럽게 만들어요

끊어 읽기는 문장을 읽을 때 의미 단위로 나눠서 잠시 멈추는 것을 말해요.
이렇게 읽으면 문장이 더 또렷하게 들리고, 내용 전달도 쉬워져요.

❶ **관계사 앞에서 끊어 읽기**

The man is talking to a customer / who is buying a laptop.

그 남자는 노트북을 사고 있는 고객과 이야기하고 있어요.

➡ 관계사(who) 앞에서 끊어 읽으면, 말의 흐름이 더 명확하게 들려요.

❷ **접속사 앞에서 끊어 읽기**

The meeting was scheduled for Monday / but it was postponed to Friday.

회의가 월요일로 예정되어 있었지만, 금요일로 연기되었어요.

➡ 접속사(but) 앞에서 끊어 읽으면, 두 문장이 구분되어 의미 전달이 쉬워져요.

❸ **전치사+명사구 앞에서 끊어 읽기**

There is a coffee shop / on the corner of the street.

그 길 모퉁이에 커피숍이 있어요.

➡ 장소 정보(on the corner of the street)를 끊어 읽으면 강조 효과도 있어요.

❹ 긴 주어 뒤에서 끊어 읽기

The employees who worked efficiently and productively / finished the project on time.
효율적이고 생산적으로 일한 직원들이 프로젝트를 제시간에 마쳤어요.

➡ 주어가 3~4 단어 이상으로 길 때, 주어 뒤, 동사 앞(finished)에서 끊어 주면 주어와 동사가 잘 분리돼요.

❺ To 부정사, 분사구문 앞에서 끊어 읽기

I use my smartphone during the break / to check the latest information.
저는 쉬는 시간에 스마트폰을 사용해서 최신 정보를 확인해요.

➡ 앞에서 행동을 말하고, 그 이유나 결과는 끊어서 말하면 매끄럽게 들려요.

🎙 실전 리허설

Q1. Searching for a healthier breakfast / that still tastes like a treat? ↗ TasteBright Granola blends oven-roasted oats ↗, crunchy almonds ↗, and real dried berries / for a satisfying start to your day. ↘ This week only →, buy one 500g bag and get the second at half price in stores and online. ↘

여전히 달콤한 간식 같은 맛을 내면서도 더 건강한 아침 식사를 찾고 있나요? 테이스트브라이트 그래놀라는 오븐에 구운 귀리, 아삭한 아몬드, 진짜 건과일을 섞어 만족스러운 하루의 시작을 선사합니다. 오직 이번 주에만, 500g 한 봉지 구매 시 두 번째 봉지는 반값에 매장과 온라인에서 만나실 수 있습니다.

📙 ZIP 정리 완료! 꺼내서 말해봐요

억양, 강세, 끊어 읽기를 바탕으로 문장을 영어답게 말하는 법을 익혔다면, 직접 입으로 꺼내보는 연습이 필요해요. 이 연습은 따로 문제를 풀기보다, 실전 문장들을 45초 안에 읽으며 연습해보는 걸 추천해요. 말의 흐름과 리듬을 몸에 익히는 데 큰 도움이 될 거예요!

혼자서도 자신있게 껑충!

기본기를 탄탄하게
다지고 싶다면?

**시계토끼 7일 완성
올인원 기본서**

- 핵심 이론 꼼꼼히 정리해 **기본기부터 탄탄하게!**
- **실전모의고사 5회** 포함
- 만능문장 활용법 **온라인 무료 강의** 제공

 기본서 연계 무료 강의

 핵심 이론 총정리 강의

 실전 모의고사 5회 해설 강의

 쉽고 빠르게 외우는 만능문장 강의

 교재 전체 실전 모의고사 +공부법 코칭 강의

교재 독학자/ 강의 구매자의 토스 준비과정 들여다보기

시계토끼 전용 강의와 함께라면!

IH-만점 목표

프리패스
토익스피
온라인스쿨

왕초보에서 고득점 레벨까지 한번에!

만능문장을 자유자재로 활용하는
진짜 비법, **프리패스**에 있습니다!

24시간 내 답변, 질문 무제한!
발음 교정 수업으로 점수 UP!
제니쌤만의 비밀 AL 레시피

 교재 독학과 강의 구매의 과정 차이

	교재 독학자	강의 구매자
교재 탐독	교재의 구성을 이해하는 데 시간 필요 아직까진 할 만한 것 같음	교재 구성을 소개하는 영상을 활용 보다 빨리 학습 준비에 들어감
학습 준비	학습 일정을 짜면서 수정을 많이 거침 피로도가 누적됨	제니쌤이 직접 짜준 퍼스널 스터디 플래너로 맞춤형 플랜 준비
학습시작	문제풀이나 적용법이 부족히고. 파트 3과 5는 답변이 어려움	내게 꼭 맞는 스터디 플랜으로 모든 섹션을 빠짐없이 학습
학습 도중	잘 풀리지 않는 구간은 무한 반복 학습으로 해결, 시간이 많이 소요됨	어려운 구간은 제니쌤에게 질문 학습법이나 시험 팁을 배워감
모의고사	부족한 모의고사 양으로 충분한 대비를 하지 못함. 불안감 누적	충분한 모의고사로 출제 방식을 이해 실전에 완벽히 대비함
실전	기본적으로 목표하던 성과에 그침 학습 방식의 무엇이 문제였는지 모름 다시 학습 단계로 롤백	**원하던 점수 이상을 얻어냄** 부족했던 부분은 제니쌤에게 질문 추후 시험까지 완벽 대비